R.

T·+·4/10g ·P·

©

5·82

LE TRIOMPHE

HERMETIQUE,

OU

La Pierre Philosophale

VICTORIEUSE.

TRAITTÉ

Plus complet & plus intelligible, qu'il y en ait
eû jusques ici, touchant

LE MAGISTERE HERMETIQUE.

A AMSTERDAM,
Chez HENRY WETSTEIN. 1699.

AVERTISSEMENT.

ON est assés persuadé qu'il n'y a déja que trop de livres qui traittent de la Philosophie Hermetique ; & qu'à moins de vouloir escrire de cette science clairement, sans equivoque, & sans allegorie (ce qu'aucun Sage ne fera jamais) il vaudroit beaucoup mieux demeurer dans le silence, que de remplir le monde de nouveaux ouvrages, plus propres à embarasser davantage l'esprit de ceux, qui s'appliquent à penetrer les misteres Philosophiques ; qu'à les redresser dans la veritable voye, qui conduit au terme desiré, où ils aspirent. C'est pour cette raison qu'on a jugé que l'interpretation d'un bon Auteur, qui traitte solidement de cette sublime Philosophie, seroit beaucoup plus utile aux enfans de la science, que quelque nou-

AVERTISSEMENT.

velle production parabolique, ornée des plus ingenieuses expressions, que les Adeptes sçavent imaginer, lorsqu'ils traittent de ce grand art, ou plustost lors qu'ils écrivent pour faire seulement connoître à ceux qui possedent comme eux, ou qui cherchent le Magistere, qu'ils ont eû le bonheur d'arriver à sa possession. En effet la plûpart des Philosophes qui en ont escrit, l'ont plûtost fait pour parler de l'heureux succez, dont Dieu a beni leur travail; que pour instruire autant qu'il seroit necessaire, ceux qui s'adonnent à l'estude de cette sacrée science. Cela est si veritable, que la plûpart ne font pas mesme difficulté d'avoüer de bonne foy, que ç'a esté là leur principale veuë, lorsqu'ils en ont fait des livres.

Le petit traitté qui a pour titre l'ancienne guerre des Chevaliers, a merité sans contredit l'approbation de tous les sages, & de ceux aussi, qui ont quelque connoissance de la Philosophie Hermetique. Il est écrit en forme d'entretien,

AVERTISSEMENT.

d'une maniere simple, & naturelle, qui
porte par tout le caractere de la verité:
mais avec cette simplicité, il ne laisse
pas d'estre profond, & solide dans le
raisonnement, & convainquant dans les
preuves; de sorte qu'il n'y a pas un mot
qui ne porte sentence, & sur lequel il n'y
eust de quoy faire un long commentaire.
Cet ouvrage a esté composé en Alleman
par un vray Philosophe, dont le nom est
inconnu. Il parut imprimé à Leypsic, en
1604. Fabri de Montpellier le traduisit
en Latin: c'est sur ce latin, que fut faite
la traduction Françoise imprimée à Pa-
ris chez d'Houry, & mise à la fin de la
Tourbe Françoise, de la parole delais-
sée, & de Drebellius, qui composent ensemble un volume. Mais soit que Fabri
ait mal entendu l'Alleman, ou qu'il ait
à dessein falsifié l'original; il se trouve
dans ces deux traductions des passages
corrompus, dont la fausseté étant toute
manifeste, a fait mépriser ce petit ouvrage par plusieurs personnes; bien que

d'ailleurs il parust estre d'un tres grand
merite.

Comme la verité, & la faußeté ne sont
pas compatibles dans un même sujet, &
qu'il estoit aisé de juger que ces traductions n'estoient pas fideles ; il s'est trouvé un Philosophe d'un sçavoir & d'un
merite extraordinaire, qui pour satisfaire sa curiosité sur ce sujet, s'est donné la peine de faire une recherche de
plus de dix années, pour trouver l'original Alleman de ce petit traitté, & l'a-
yant enfin recouvré, l'a fait exactement
traduire en Latin : c'est sur cette Copie,
que cette nouvelle traduction a esté faite, avec toute la fidelité possible. On y re-
connoistra la bonté de l'original, par la
verité qui paroist evidemment dans la
restitution de plusieurs endroits, qui a-
voient esté non seulement alterez, mais
encore entierement changez. On en juge-
ra par le paßage marqué 34. ou la premiere traduction dit comme le Latin
de Fabri. Mercurium nostrum nemo

AVERTISSEMENT.

assequi potest; nisi ex mollibus octo corporibus, neque ullum absque altero parari potest. *Il n'en falloit pas davantage, pour faire mépriser cet escrit par ceux qui ont assez de connoissance des principes de l'œuvre, pour en pouvoir distinguer le vray d'avec le faux: les sçavans toutesfois jugeoient aisément, qu'une faute aussi fondamentale que celle-là, ne pouvoit venir d'un vray Philosophe, qui fait bien comprendre d'ailleurs, qu'il a parfaitement connu le magistere: mais il falloit trouver un sçavant Zelé pour la decouverte de la verité, & en estat, comme estoit celuy-cy, de faire une aussi grande recherche, pour trouver l'original de cet Ouvrage; sans quoy il estoit impossible d'en retablir le vray sens.*

L'endroit, qu'on vient de remarquer, n'est pas le seul, qui avoit besoin d'estre redressé. Si on prend la peine de confronter cette nouvelle traduction avec la precedente, on y trouvera une fort gran-

AVERTISSEMENT.

de difference, & plusieurs corrections essentieles. Le passage 35. n'en est pas une des moindres; & comme cette traduction a esté faite sur la nouvelle copie Latine, sans avoir voulu jetter les yeux sur celle qui avoit déja esté imprimée en François; on a eu le plaisir de remarquer ensuite, tout ce qui ne s'est pas trouvé conforme à la premiere. Les parolles & les frazes entieres, qui ont esté adjoustées en quelques endroits de celle-cy, pour faire une liaison plus naturelle, ou un sens plus parfait, sont renfermées entre deux Crochets ( ), afin qu'on distingue ce qui est, d'avec ce qui n'est pas du texte, auquel l'autheur de cette traduction s'est tenu scrupuleusement attaché : parce que la moindre addition, sur une matiere de cette nature peut faire un changement considerable, & causer de grandes erreurs.

La beauté, & la solidité de cet escrit meritoient bien la peine qu'on y fist un commentaire, qui rendist plus intelligi-

AVERTISSEMENT.

ble aux enfans de la science, un traité qui peut leur tenir lieu de tous les autres. Et comme la methode des entretiens est la plus propre pour éclaircir, & pour rendre palpables les verités les plus relevées; on s'en est servi icy, avec d'autant plus de raison, que l'autheur sur lequel est fait le commentaire, a escrit de cette mesme maniere. On trouvera dans l'entretien d'Eudoxe, & de Pyrophile, qui explique celuy de la pierre avec l'or & le mercure, les principales difficultez éclaircies par les questions, & les réposes qui y sont faites sur les points les plus essentiels de la Philosophie Hermetique.

Les chiffres qui sont à la marge de ces deux entretiens, marquent le rapport des endroits du premier avec ceux du dernier où ils sont expliquez. On remarquera dans cet ouvrage une entiere conformité de sentimens avec les premiers maistres de cette Philosophie, aussi bien qu'avec les plus sçavans, qui ont escrit dans les derniers siecles; de sorte

qu'il ne se trouvera guere de traité sur
cette matiere, quelque grand qu'en
soit le nombre, qui soit plus clair, &
plus sincere, & qui puisse par consequent être plus utile que celuy-cy, à
ceux qui s'appliquent à l'estude de cette
science, & qui ont d'ailleurs toutes les
bonnes qualitez de l'esprit & du Cœur,
que nostre Philosophie requiert en ceux,
qui veulent y faire du progrez.

Le commentaire paroistra sans doute
d'autant meilleur, qu'il n'est point diffus,
comme sont presque tous les commentaires qu'il ne touche que les endroits, qui
peuvent avoir besoin de quelque explication ; & qu'il ne s'écarte en aucune
maniere du sujet ; mais comme ces sortes d'ouvrages ne sont pas pour ceux qui
n'ont encore aucune teinture de la Philosophie secrete : les plus clair-voyants
connoistront bien qu'on a beaucoup mieux
aimé passer par dessus plusieurs choses,
qui auroiët, peut-estre merité une interpretation, que d'expliquer generale-

AVERTISSEMENT.

ment tout ce qui pouvoit encore causer
quelque difficulté aux aprentifs de ce
grand art.

Comme le premier de ces entretiens
raconte la victoire de la Pierre, & que
l'autre expose les raisons, & fait voir
les fondemens de son triomphe: il semble
que ce livre ne pouvoit paroistre sous un
titre plus convenable que sous celuy du
Triomphe Hermetique, ou de la Pierre
Philosophale victorieuse. Il ne reste autre chose à dire icy, sinon que l'autheur
de la traduction qui l'est aussi du commentaire, & de la lettre qui est à la fin
de ce livre, n'a eu en cecy d'autre in-
terest, ny d'autre veuë, que de manife-
ster la verité à ceux qui aspirent à sa
connoissance, par les motifs qui conviennent aux veritables enfans de la science; aussi il declare, & il proteste since-
rement qu'il desire de tout son cœur, que
ceux qui sont assez malheureux, pour
perdre leur temps à travailler sur des
matieres estrangeres, ou esloignées, se

AVERTISSEMENT.

trouvent assez éclairez par la lecture de ce Livre, pour connoistre la vraye & unique matiere des Philosophes ; & que ceux qui la connoissent déja, mais qui ignorent le grand point de la solution de la Pierre, & de la coagulation de l'Eau, & de l'esprit du Corps, qui est le terme de la Medecine universelle, puissent apprendre icy ces operations secretes ; qui y sont décrites assez distinctement pour eux.

L'Autheur n'a pas trouvé à propos d'escrire en Latin, ne croyant pas, comme bien d'autres, que ce soit ravaler ces hauts misteres, de les traiter en langue vulgaire : il a suivi en cela l'exemple de plusieurs Philosophes qui ont voulu que leur ouvrage portast le Caractere de leur pays ; aussi son premier dessein a esté d'estre utile à tous ses compatriotes, ne doutant pas que si ce Traité paroist de quelque merite aux disciples de Hermes, il ne s'en trouve, qui le traduiront en la langue qui leur plaira.

L'AN

Explication generale de cet Embléme.

ON ne doit pas s'attendre de voir icy une explication en detail, qui tire absolument le rideau de dessus cet enigme Philosophique, pour faire paroistre la verité à découvert; si cela estoit, il n'y auroit qu'à jetter au feu tous les Escrits des Philosophes: Les sages n'auroient plus d'avantage sur les ignorans; les uns & les autres seroient également habiles dans ce merveilleux art.

On se contentera donc de voir dans cette figure, comme dans un Miroir, l'abregé de toute la Philosophie secrete, qui est contenuë dans ce petit livre, où toutes les parties de cet embleme se trouvent expliquées aussi clairement, qu'il est permis de le faire.

Ceux qui sont initiés dans les misteres Philosophiques comprendront d'abord aisément le sens qui est caché sous cette figure; mais ceux qui n'ont pas ces lumieres, doivent considerer icy en general une mutuelle correspondance entre le Ciel & la terre, par le moyen du Soleil & de la Lune, qui sont comme les liens secrets de cette union Philosophique.

Ils verront dans la pratique de l'œuvre, deux ruisseaux paraboliques, qui se confondant secretement ensemble, donnent naissance à la misterieuse pierre triangulaire, qui est le fondement de l'art.

Ils verront un feu secret & naturel, dont l'esprit penetrant la pierre, la sublime en vapeurs, qui se condansent dans le vaisseau.

Ils verront quelle efficace la pierre sublimée reçoit du Soleil & de la Lune, qui en sont le pere & la mere, dont elle herite d'abord la premiere couronne de perfection.

Ils verront dans la continuation de la pratique, que l'art donne à cette divine liqueur une double courône de perfection par la conversion des Elemens, & par l'extraction & la depuration des principes, par où elle devient ce misterieux caducée de Mercure, qui opere de si surprenantes metamorphoses.

Ils verront que ce même Mercure, comme un Phenix qui prend une nouvelle naissance dans le feu, parvient par le Magistere à la derniere perfection de soufre fixe des Philosophes, qui lui donne un pouvoir souverain sur les trois genres de la nature, dont la triple couronne, sur laquelle est posé pour cet effet le Hieroglyphique du monde, est le plus essentiel caractere.

Ils verront enfin dans son lieu, ce que signifie la portion du Zodiaque, avec les trois signes qui y sont representez; de sorte que joignant toutes ces explications ensemble, il ne sera pas impossible d'en tirer l'intelligence entiere de toute la Philosophie secrette, & de la plus grande partie de la pratique, qui est deduite assés au long dans *la lettre adressée aux vrais disciples de Hermes*, qui est à la fin de cet ouvrage.

L'ANCIENNE GUERRE

DES CHEVALIERS,

Ou ENTRETIEN

De la Pierre des Philosophes avec l'Or & le Mercure,

Touchant la veritable matiere, dont ceux qui sont savans dans les Secrets de la Nature, peuvent faire la *Pierre Philosophale*, suivant les regles d'une pratique convenable, & par le secours de *Vulcain Lunatique.*

Composé originairement en Alleman par un tres-habile Philosophe, & traduit nouvellement du Latin en François.

L'Ancienne Guerre des Chevaliers.

Ou

Entretien de la PIERRE DES PHILOSOPHES avec l'OR & le MERCURE.

E sujet de cet entretien est une dispute que l'Or, & le Mercure eurent un jour avec la Pierre des Philosophes. Voicy de quelle maniere parle un veritable Philosophe , (qui est parvenu à la possession de ce grand secret.)

JE vous proteste devant Dieu , & sur le salut (éternel) de mon ame , avec un cœur sincere , touché de compassion pour ceux qui sont depuis longtems dans les grandes recherches; & (je vous certifie) à vous tous qui cherissés ce merveilleux art , que toute nostre œuvre prend naissance (*) d'une seule chose, & qu'en cette chose l'œuvre trouve sa perfection, sans qu'elle ait besoin dequoy que ce soit autre , que d'estre (*) dissoute , & coagulée , ce qu'elle doit faire d'elle mesme, sans le secours d'aucune chose étrangere.

Lors qu'on met de la glace dans un

vase placé sur le feu, on voit que la cha-
3 leur la fait resoudre en eau : (*) on doit
en user de la même maniere avec nostre
pierre, qui n'a besoin que du secours de
l'artiste, de l'operation de ses mains, &
4 de l'action du feu (*) naturel : car elle
ne se resoudra jamais d'elle-même ;
quand elle demeureroit éternellement
sur la terre : c'est pourquoy nous devons
l'aider ; de telle maniere toutefois, que
nous ne luy adjoutions rien, qui luy soit
étranger, & contraire.

Tout ainsi que Dieu produit le froment dans les champs, & que c'est en
suite à nous à le mette en farine, la pétrir,& en faire du pain ; de même nostre
art requiert que nous fassions la mesme
5 chose. (*) Dieu nous a créé ce mineral ;
afin que nous le prenions tout seul, que
nous décomposions son corps grossier,
& épois ; que nous separions,& prenions
pour nous ce qu'il renferme de bon
dans son interieur ; que nous rejettions
ce qu'il a de superflu ; & que d'un venin (mortel,) nous aprenions à faire une
Medecine (souveraine.)

Pour vous donner une plus parfaite intelligence de cet agreable entretien ; je
vous feray le recit de la dispute qui s'é-
leva

leva entre la Pierre des Philoſophes, l'Or,
& le Mercure ; de ſorte que ceux qui depuis long-tems s'appliquent à la recherche (de noſtre art,) & qui ſçavent de
quelle maniere on doit traitter (*) les 6
metaux, & les mineraux, pourront en
eſtre aſſ-s éclairés, pour arriver droit au
but qu'ils ſe propoſent : il eſt cependant
neceſſaire, que nous nous appliquions
à connoiſtre (*) exterieurement, & in- 7
terieurement l'eſſence, & les proprietés
de toutes les choſes qui ſont ſur la terre,
& que nous penétrions dans la profondeur des operations, dont la nature eſt
capable.

RECIT.

L'Or, & le Mercure allerent un jour
à main armée, pour (combattre)
& pour ſubjuguer la Pierre. L'Or animé de fureur commença à parler de
cette ſorte.

L'OR.

Comment as-tu la temerité de t'eſlever
au deſſus de moy, & de mon frere Mercure, & de pretendre la preference ſur
nous : toy qui n'és qu'un (*) vers ! 8
(bouffi) de venin? ignores-tu que je ſuis
le plus precieux, le plus conſtant, & le
premier de tous les me.aux? (ne ſçais-tu

B.

pas) que les Monarques, les Princes, & les Peuples font également confifter toutes leurs richeffes en moy, & en mon frere Mercure ; & que tu es au contraire le (dangereux) ennemi des hommes, & des metaux; au lieu que les (plus habiles)medecins ne ceffent de publier,& de vanter les vertus (fingulieres)que je poffede (*) pour donner (& pour conferver) la fanté à tout le monde?

9

LA PIERRE.

A ces parolles (pleines d'emportement ,)la pierre répondit, (fans s'émouvoir) mon cher Or, pourquoy ne te faches - tu pas pluftoft contre Dieu, & pourquoy ne lui demandes-tu pas, pour quelles raifons , il n'a pas créé en toy, ce qui fe trouve en moy?

L'OR.

C'eft Dieu même qui m'a donné l'honneur ,la reputation , & le brillant efclat, qui me rendent fi eftimable : c'eft pour cette raifon , que je fuis fi recherché d'un chacun. Une de mes plus grandes perfections eft d'eftre un metail inaltérable dans le feu,& hors du feu ; auffi tout le monde m'aime, & court aprés moy: mais toy tu n'es qu'une (*) fugitive, & une trompeufe, qui abufe tous les hom-

10

mes : cela se voit en ce que tu t'envoles,
& que tu t'échapes des mains de ceux
qui travaillent avec toy.

LA PIERRE.

Il est vray mon cher Or, c'est Dieu qui
t'a donné l'honneur, la constance, & la
beauté, qui te rendent precieux : c'est
pourquoy tu es obligé de rendre des
graces (éternelles à sa divine bonté) & ne
pas mépriser les autres, comme tu fais :
car je puis te dire que tu n'es pas cet Or,
dont les écrits des Philosophes font mention ; (*) mais cet Or est caché dans mon
sein. Il est vray, je l'avoüe, je coule dans
le feu, (& je n'y demeure pas,) toutefois tu sçais fort bien que Dieu, & la
nature m'ont donné cette qualité, & que
cela doit être ainsi ; d'autant que ma
fluidité tourne à l'avantage de l'Artiste,
qui sçait (*) la maniere de l'extraire ; sça-
che cependant que mon ame demeure
constanment en moy, & qu'elle est plus
stable, & plus fixe, que tu n'es, tout
Or que tu sois, & que ne font tous tes
freres, & tous tes compagnons. Ni l'eau,
ni le feu, quel qu'il soit, ne peuvent la
détruire, ni la consumer ; quand ils agi-
roient sur elle ; pendant autant de temps
que le monde durera.

Ce n'eſt donc pas ma faute, ſi je ſuis re-
cherchée par des Artiſtes, qui ne ſçavent
pas comment il faut travailler avec moy,
ni de quelle maniere je dois eſtre preparée. Ils me mélent ſouvent avec des matieres eſtrangeres, qui me ſont (entierement) contraires. Ils m'adjoutent de
l'eau, des poudres, & autres choſes ſemblables, qui détruiſent ma nature, & les
proprietés qui me ſont eſſentieles ; auſſi
s'en trouve-t-il à peine un entre cent,
(*) qui travaille avec moy. Ils s'appliquent tous à chercher (la verité) de l'art
dans toy, & dans ton frere Mercure : c'eſt
pourquoy ils errent tous, & c'eſt en cela
que leurs travaux ſont faux. Ils en ſont
eux-meſmes un (bel) exemple : car c'eſt
inutilement qu'ils emploient leur Or, &
qu'ils tâchent de le détruire : il ne leur
reſte de tout cela, que l'extrême pauvreté,
à laquelle ils ſe trouvent enfin reduits.

C'eſt toy Or, qui es la premiere cauſe
(de ce malheur,) tu ſçais fort bien que
ſans moy, il eſt impoſſible de faire aucun or, ni aucun argent, qui ſoient parfaits ; & qu'il n'y a que moy ſeule, qui
aye ce (merveilleux) avantage. Pourquoy ſouffres-tu donc, que preſque tout
le monde entier fonde ſes operations ſur

toy, & fur le Mercure ? Si tu avois encore quelque reste d'honnêteté ; tu empê-
cherois bien, que les hommes ne s'aban-
donnaſſent à une perte toute certaine :
mais comme(au lieu de cela)tu fais tout
le contraire ; je puis ſoutenir avec verité,
que c'est toy ſeul, qui es un trompeur.

L'OR.

Je veux te convaincre par l'authorité
des Philoſophes, que la verité de l'art
peut eſtre accomplie avec moy. Lis Hermés. Il parle ainſi : Le Soleil eſt ſon pere, (*) & la Lune ſa mere : or je ſuis le
ſeul qu'on compare au ſoleil. **14**

Ariſtote, Avicenne, Pline, Serapion,
Hipocrate, Dioſcoride, Meſué, Raſis,
Averroes, Geber, Raymond Lulle, Al-
bert le Grand, Arnaud de Villeneuſve,
Thomas d'Aequin, & un grand nombre
d'autres Philoſophes, que je paſſe ſous
ſilence pour n'eſtre pas long, écrivent
tous clairement, & diſtinctement, que
les metaux, & la Teinture (Phiſique)
ne ſont compoſés que de Souffre, & de
Mercure ; (*) que ce Souffre doit eſtre **15**
rouge, incombuſtible, reſiſtant conſtan-
ment au feu,& que le Mercure doit eſtre
clair, & bien purifié. Ils parlent de cette
ſorte ſans aucune reſerve ; ils me nom-

ment ouvertement par mon propre nom,
& difent que dans l'or (c'eft à dire dans
moy) fe trouve le fouffre rouge, digeft,
fixe, & incombuftible ; ce qui eft veritable, & tout évident ; car il n'y a perfonne qui ne connoiffe bien, que je fuis
un métail tres-conftant (& inalterable)
que je fuis doüé d'un fouffre parfait,
& entierement fixe, fur lequel le feu n'a
aucune puiffance.

Le *Mercure* fut du fentiment de l'Or ;
il approuva fon difcours; foutint que tout
ce que fon frere venoit de dire, eftoit veritable, & que l'œuvre pouvoit fe parfaire de la maniere que l'avoient écrit les
Philofophes cy-deffus alleguez. Il adjou-
ta mefme, que chacun connoiffoit (affés)
16 combien eftoit grande (*) l'amitié (mu-
tuele) qu'il y avoit entre l'or, & lui, pré-
ferablement à tous les autres metaux ;
qu'il n'y avoit perfonne, qui ne peut aifément en juger par le témoignage de fes
propres yeux que les orfevres, & autres
femblables artifans fçavoient fort bien,
que lors qu'ils vouloient dorer quelque
ouvrage, ils ne pouvoient fe paffer du
(mélange) de l'or, & du Mercure, &
qu'ils en faifoient la conjonction en
tres-peu de temps, fans difficulté, & avec

fort peu de travail : que ne devoit-on
pas efperer de faire avec plus de temps,
plus de travail, & plus d'application?

LA PIERRE.

A ce difcours la Pierre fe prit à rire, &
leur dit, en verité vous merités bien l'un
& l'autre qu'on fe mocque de vous, &
de voftre démonftration : mais c'eft toy,
Or, que j'admire encore plus, voyant
que tu t'en fais fi fort accroire, pour l'a-
vantage que tu as d'eftre bon à certaines
chofes. Peux-tu bien te perfuader que
les anciens Philofophes ont écrit, comme
ils ont fait, dans un fens qui doive s'entendre à la maniere ordinaire? & crois-
tu, qu'on doive fimplement interpreter
leurs paroles à la lettre?

L'OR.

Je fuis certain que les Philofophes, &
les Artiftes que je viens de citer, n'ont
point écrit de menfonge. Ils font tous de
mefme fentiment touchant la vertu que
je poffede : Il eft bien vray, qu'il s'en eft
trouvé quelques-uns, qui ont voulu chercher dans des chofes entierement éloi-
gnées, la puiffance, & les proprietés, qui
font en moy. Ils ont travaillé fur certaines herbes ; fur les animaux ; fur le fang ;
fur les urines ; fur les cheveux ; fur le

fperme ; & fur des chofes de cette nature : ceux-là fe font fans doute écartés de
la veritable voye, & ont quelquefois
écrit des fauffetés : mais il n'en eſt pas
de même des maiſtres que j'ay nommés.
Nous avons des preuves certaines, qu'ils
ont en effet poffedé ce (grand) art ;
c'eſt pourquoy nous devons adjouter foy
à leurs écrits.

LA PIERRE.

Je ne revoque point en doute que (ces
Philofophes) n'ayent eu une entiere connoiffance de l'art ; excepté toutes-fois
quelques-uns de ceux que tu as allegués:
car il y en a parmi eux, mais fort peu, qui
l'ont ignoré, & qui n'en ont écrit, que
fur ce qu'ils en ont oüi dire: mais lorfque
(les veritables Philofophes) nomment
fimplement l'Or, & le Mercure, comme
les principes de l'art ; ils ne fe fervent de
ces termes, que pour en cacher la connoiffance aux ignorans, & à ceux qui
font indignes (de cette fcience :) car ils
fçavent fort bien que ces Efprits(vulgaires) ne s'attachent qu'aux noms des chofes, aux receptes, & aux procedez, qu'ils
trouvent écrits; fans examiner s'il y a un
(folide)fondement dans ce qu'ils mettent
en pratique : mais les hommes fçavans,
&c.

& qui lisent (les bons livres) avec application, & exactitude, considerent toutes choses avec prudence ; examinent le
rapport, & la convenance qu'il y a entre une chose & une autre ; & par ce
moyen ils penétrent dans le fondement
(de l'art;) de sorte que par le raisonnement,& par la meditation,ils découvrent
(enfin) quelle est la matiere des Philoso- +
phes, entre lesquels il ne s'en trouve aucun qui ait voulu l'indiquer, ni la donner à connoistre ouvertement, & par son
propre nom.

Ils se declarent nettement là dessus;
lors qu'ils disent qu'ils ne revélét jamais
moins (le secret) de leur art, que lors
qu'ils parlent clairement, & selon la maniere ordinaire (de s'énoncer:) mais (ils
avoüent) au contraire que (*) lors qu'ils 17
se servent de similitudes, de figures, &
de paraboles, c'est en verité dans ces
endroits (de leurs escrits) qu'ils manifes-
tent leur art : car (les Philosophes) aprés
avoir discouru de l'Or & du Mercure,
ne manquent pas de declarer ensuite,
& d'asseurer, que leur or n'est pas le soleil (ou l'or) vulgaire,& que leur Mercure n'est pas non plus le Mercure commun; en voicy la raison.

C

L'or eſt un metail parfait, lequel à
cauſe de la perfection (que la nature lui
a donnée) ne ſçauroit eſtre pouſſé (par
l'art) à un degré plus parfait ; de ſorte
que de quelque maniere qu'on puiſſe travailler avec l'or; quelque artifice qu'on
mette en uſage;quand on extrairoit cent
fois ſa couleur(& ſa teinture ;) l'Artiſte
ne fera jamais plus d'or,& ne teindra jamais une plus grande quantité de metail
qu'il y avoit de couleur , & de teinture
dans l'or, (dont elle aura eſté extraite?)
c'eſt pour cette raiſon , que les Philoſophes diſent, qu'on doit chercher la perfection (*) dans les choſes imparfaites,
& qu'on l'y trouvera. Tu peux lire dans
le Roſaire ce que je te dis icy.Raymond
Lulle ,que tu m'as cité , eſt de ce meſme
ſentiment, (il aſſeure) que ce qui doit
eſtre rendu meilleur , ne doit pas eſtre
parfait ; parce que dans ce qui eſt parfait, il n'y a rien à changer , & qu'on
détruiroit bien pluſtoſt ſa nature ; (que
d'adjouter quelque choſe à ſa perfectió.)

L'O r.

Je n'ignore pas que les Philoſophes
parlent de cette maniere : toutefois cela ſe peut appliquer à mon frere Mercure , qui eſt encore imparfait : mais ſi on

nous joint tous deux ensemble , il reçoit alors de moy la perfection (qui lui
manque :) car il eft du fexe feminin, &
moy je fuis du fexe mafculin; ce qui fait
dire aux Philofophes , que l'art eft un
tout-homogene. Tu vois un exemple de
cela dans (la procreation) des hommes:
car il ne peut naiftre aucun enfant fans
(l'accouplement) du mâle , & de la femele ; c'eft à dire, fans la conjonction
de l'un avec l'autre. Nous en avons un
pereil exemple dans les animaux,& dans
tous les étres vivants.

LA PIERRE.

Il eft vray ton frere Mercure eft imparfait (*) & par confequent il n'eft pas
le Mercure des Sages : auffi quand vous
feriez conjoincts enfemble , & qu'on
vous tiendroit ainfi dans le feu pendant
le cours de plufieurs années, pour tâcher
de vous unir parfaitement l'un avec l'autre ; il arrivera tousjours(la mefme chofe, fçavoir) qu'auffi-toft que le Mercure fent l'action du feu, il fe fepare de
toy, fe fublime, s'envole , & te laiffe
feul en bas. Que fi on vous diffout dans
l'eau-forte ; fi on vous reduit en une feule (maffe;) fi on vous refout ; fi on vous
diftille; & fi on vous coagule ; vous ne

produirés toutesfois jamais qu'une poudre, & un precipité rouge : que ſi on
fait projection de cette poudre ſur un
metail imparfait, elle ne le teint point:
mais on y trouve autant d'or, qu'on y
en avoit mis au commencement, & ton
frere Mercure te quitte, & s'enfuit.

Voilà quelles ſont les experiences,
que ceux qui s'attachent à la recherche
de la Chimie, ont faites à leur grand do-
mage, pendant une longue ſuite d'années: voilà auſſi (ou aboutit) toute la
connoiſſance qu'ils ont acquiſe par leurs
travaux: mais pour ce qui eſt du proverbe des anciens, dont tu veux te prevaloir, que l'art eſt un tout (entierement)
homogene ; qu'aucun enfant ne peut
naiſtre ſans le mâle, & la femele; & que
tu te figures, que par là les Philoſophes
entendent parler de toy & de ton frere
Mercure, je dois te dire (nettement) que
cela eſt faux, & que mal à propos on
l'entend de toy ; encore qu'en ces meſ-
mes endroits, les Philoſophes parlent
juſte, & diſent la verité. Je te certifie,
20 que c'eſt icy(*)la Pierre angulaire, qu'ils
ont poſée, & contre laquelle pluſieurs milliers d'hommes ont bronché.

Peux tu bien t'imaginer qu'il en doit

eſtre de meſme(*)avec les metaux, qu'a- 2 1
vec les choſes qui ont vie. Il t'arrive en
cecy ce qui arrive à tous les fauxArtiſtes:
car lors que vous liſez (de ſëblables paſſages)dans les Philoſophes,vous ne vous
attachés pas à les examiner davantage,
pour tâcher de découvrir ſi (de telles expreſſions) quadrent, & s'accordent, ou
non, avec ce qui a eſté dit auparavant,
ou qui eſt dit dans la ſuite : cependant
(tu dois ſçavoir,) que tout ce que les
Philoſophes ont eſcrit de l'œuvre en termes figurez, ſe doit entendre de moy
ſeule, & non de quelque autre choſe,
qui ſoit dans le monde, puis qu'il n'y a
que moy ſeule, qui puiſſe faire ce qu'ils
diſent, & que (*) ſans moy, il eſt impoſ- 2 2
ſible de faire aucun or, ni aucun argent,
qui ſoient veritables.

L'OR.

Bon Dieu ! n'as-tu point de honte de
proferer un ſi grand menſonge? & ne
crains-tu pas de commettre un peché,
en te glorifiant juſques à un tel point,
que d'oſer t'attribuer à toy ſeule, tout
ce que tant de ſages, & de ſçavans perſonnages ont eſcrit de cet art, depuis
tant de ſiecles, toy, qui n'es qu'une matiere craſſe, impure, & venimeuſe; &

C iij

tu avoües, nonobſtant cela, que cet art
eſt un tout (parfaitement) homogene?
tu dis de plus, que ſans toy, on ne peut
faire aucun or, ni aucun argent, qui
ſoient veritables, comme eſtant une cho-
23 ſe (*) univerſelle, (n'eſt-ce pas là une
contradiction manifeſte ;) d'autant que
pluſieurs ſçavans perſonnages ſe ſont appliqués avec tant de ſoin, & d'exactitude
aux (curieuſes) recherches qu'ils ont faites, qu'ils ont trouvé d'autres voyes (ce
ſont *des procedez*) qu'on nomme des particuliers, deſquels cependant on peut
tirer une grande utilité.

LA PIERRE.

Mon cher Or, ne ſois pas ſurpris de ce
que je viens de te dire, & ne ſois pas ſi
imprudent que de m'imputer un men-
24 ſonge, à moy qui (*) ay plus d'âge
que toy: s'il m'arrivoit de me tromper en
cela ; tu devrois avec juſte raiſon excu-
ſer mon (grand) âge ; puis que tu n'igno-
res pas, qu'il faut porter reſpect à la
vieilleſſe.

Pour te faire voir que j'ay dit la verité,
afin de deffendre mon honneur ; je ne
veux m'appuyer que (de l'authorité) des
mêmes maiſtres, que tu m'as citez, &
que par conſequent tu n'es pas en droit

dé recufer. (Voyons) particulierement Hermés. Il parle ainfy. Il eft vray, fans menfonge, certain, & tres-veritable, que ce qui eft en bas, eft femblable à ce qui eft en haut; & ce qui eft en haut, eft femblable à ce qui eft en bas : (*) c'eft par ces chofes, qu'on peut faire les miracles d'une feule chofe.

Voicy comment parle Ariftote. O que cette chofe eft admirable, qui contient en elle mefme toutes les chofes dõt nous avons befoin. Elle fe tüe elle mefme ; & enfuite elle reprend vie d'elle mefme ; (*) elle s'époufe elle mefme, elle s'engroffe elle mefme, elle naift d'elle mefme; elle fe refout d'elle mefme dans fon propre fang ; elle fe coagule de nouveau avec luy, & prend une confiftance dure ; elle fe fait blanche ; elle fe fait rouge d'elle mefme ; nous ne lui adjoutons rien de plus, & nous n'y changeons rien, fi ce n'eft que nous en feparons là *groffiereté*, & la terreftreité.

Le Philofophe Platon parle de moy en ces termes. C'eft une feule unique chofe, d'une feule, & mefme efpece en elle mefme ; (*) elle a un corps, une ame, un efprit, & les quatre elemens, fur lefquels elle domine. Il ne lui manque rien;

C. iiij

elle n'a pas befoin des autres corps ; car
elle s'engendre elle-mefme ; toutes chofes font d'elle, par elle, & en elle.

Je pourrois te produire icy plufieurs
autres témoignages : mais comme cela
n'eft pas neceffaire, je les paffe fous fi-
lence , pour n'eftre pas ennuyeufe : &
comme tu viés de me parler de (procedés)
particuliers ; je vay t'expliquer en quoy
28 ils different (de l'art.) (*) Quelques artiftes qui ont travaillé avec moy , ont
pouffé leurs travaux fi loin , qu'ils font
venus à bout , de feparer de moy mon
efprit, qui contient ma teinture ; en forte que le mélât avec d'autres metaux, &
mineraux, ils font parvenus à communi-
quer quelque peu de mes vertus&de mes
forces, aux metaux qui ont quelque affinité, & quelque amitié avec moy : cependant les Artiftes qui ont reüffy par
cette voye, & qui ont trouvé feurement
une partie (de l'art,) font veritablement
en tres-petit nombre : mais comme ils
n'ont pas connu (*) l'origine d'où
viennent les teintures , il leur a efté
impoffible de pouffer leur travail plus
loing; & ils n'ont pas trouvé au bout du
compte, qu'il y euft une grande utilité
dans leur procedé : mais fi ces Artiftes

avoient porté leurs recherches au delà,
& qu'ils euſſent bien examiné quelle eſt
la (*) femme, qui m'eſt propre ; qu'ils 30)
l'euſſent cherchée ; & qu'ils m'euſſent
uni à elle; c'eſt alors que j'aurois pû teindre mille fois (davantage:)mais(au lieu
de cela)ils ont entierement détruit ma
propre nature, en me mélant avec des
choſes étrangeres ; c'eſt pourquoy bien
qu'en faiſant leur calcul,ils ayent trouvé
quelque avantage, fort mediocre toutesfois,en comparaiſon de la grande puiſſance qui eſt en moi:il eſt côſtant neanmoins
que(cette utilité)n'a procedé,& n'a eu ſô
origine,que de moy,&non de quoique ce
ſoit autre(avec quoi j'aye pû être mélée.)

L'O R.

Tu n'as pas aſſés prouvé par ce que tu
viens de dire : car encore que les Philoſophes parlent d'une ſeule choſe, qui
renferme en ſoy les quatre elemens ; qui
a un corps, une ame, & un eſprit ; &
que par cette choſe ils veuillent faire entendre la ceinture (Phiſique;) lors qu'elle a eſté pouſſée juſques à ſa derniere(perfection ;) qui eſt le but où ils tendent,
neanmoins cette choſe doit dés ſon commencement eſtre compoſée de moy, qui
ſuis l'or,&de mon frere,qui eſt le Mercu-

C v

re , comme eſtant (tous deux) la ſemence maſculine , & la ſemence feminine;
ainſi qu'il a eſté dit cy deſſus : car aprés
que nous avons eſté ſuffiſament cuits, &
tranſmués en teinture , nous ſommes
pour lors l'un & l'autre (enſemble) une
ſeule choſe , dont les Philoſophes parlent.

LA PIERRE.

Cela ne va pas comme tu te l'imagines.
Je t'ay déja dit cy devant , qu'il ne peut
ſe faire une veritable uniõ de vous deux;
parce que vous n'eſtes pas un ſeul corps:
(*) mais deux corps enſemble ; & par
conſequant vous eſtes contraires, à con-
ſiderer le fondement de là nature : mais
moy j'ay un corps (*) imparfait , une
ame conſtante , une teinture penetrante:
j'ay de plus un Mercure clair , tranſpa-
rent , volatil , & mobile , & je puis operer toutes les (grandes) choſes, dont vous
vous glorifiez tous deux , ſans toutesfois
que vous puiſſiez les faire : parce que
c'eſt moy qui porte dans mon ſein l'or
Philoſophique, & le Mercure des ſages;
c'eſt pourquoy les Philoſophes (parlant
de moy ,) diſent , noſtre Pierre (*) eſt
inviſible, & il n'eſt pas poſſible d'acquerir la poſſeſſion de noſtre Mercure , au-

trement que par le moyen de (*) deux 34)
corps, dont l'un ne peut recevoir fans
l'autre, la perfection (qui lui eft re-
quife.)

C'eft pour cette raifon qu'il n'y a que
moy feule , qui poffede une femence
mafculine, & feminine, & qui fois (en
mefme tems) un tout (entierement) homogene, auffi me nomme-t-on Hermaphrodite. Richard Anglois rend témoignage de moy, difant la premiere matiere de noftre Pierre s'appelle rebis (*deux*
fois chofe:) c'eft à dire une chofe qui a receu
de la nature une double proprieté ocul-
te, qui luy fait donner le nom d'Hermaphrodite; comme qui diroit une matiere,
dont il eft difficile de pouvoir diftinguer
le fexe, (& de découvrir) fi elle eft mâle, ou fi elle eft femele, d'autant qu'elle
incline également des deux coftez : c'eft
pourquoy la medecine(univerfelle)fe fait
d'une chofe, qui eft(*)l'eau,& l'efprit du 35
corps.

C'eft cela qui a fait dire, que cette medecine qui a trôpé un grand nôbre de fots
à caufe de la multitude des enigmes,
(fous lefquelles elle eft envelopée :) cependant cet art ne requiert qu'une feule
chofe, qui eft connuë d'un chacun, &c.

que plusieurs souhaitent ; & le tout est
une chose qui n'a pas sa pareille dans le
monde ; (*) elle est vile toutesfois,& on
peut l'avoir à peu de fraiz: il ne faut pas
pour cela la méprifer: car elle fait,& parfait des choses admirables.

Le Philosophe Alain dit,vous qui travaillés à cet art , vous devés avoir une
ferme, & conftante application d'esprit
à voftre travail ,& ne pas commencer à
effayer tantoft une chose, & tantoft une
autre.L'art ne confifte pas dans la plura-
lité des efpeces : mais dans le corps, &
dans l'efprit. O qu'il eft veritable , que
la medecine de nôtre pierre eft une chose,
un vaiffeau, une conjonction. Tout l'artifice commence par une chose , & finit
par une chose : bien que les Philofophes
dans le deffein de cacher ce (grand art)
décrivent plufieurs voyes ; fçavoir une
conjonction continuelle, une mixtion,
une fublimation, une defiscation,& tout
autant d'autres (voyes, & operations)
qu'on peut en nommer de differents
noms : mais (*) la folution du corps ne
fe fait,que dans fon propre fang.

Voicy comment parle Geber. Il y a
un souffre dans la profondeur duMercu-
re.,qui le cuit, & qui le digere dans les

veines des mines , pendant un tres-long
temps. Tu vois donc bien mon cher
or , que je t'ay amplement demontré.,
que ce souffre n'est qu'en moy seule.;
puis que je fais tout moy seule , sans ton
secours, & sans celuy de tous tes freres
& de tous tes compagnons. Je n'ay pas
besoin de vous: mais vous avez tous besoin de moy; d'autant que je puis vous
donner à tous la perfection , & vous
eslever au dessus de l'estat , où la nature
vous a mis.

A ces dernieres parolles l'or se mit fu-
rieusement en colere, ne sçachant plus
que répondre : il tint (cependant) conseil avec son frere Mercure, & ils con-
vinrent ensemble , qu'ils s'assisteroient
l'un l'autre , (esperant) qu'estant deux
contre nostre pierre , qui n'est qu'une
& seule, ils la surmonteroient facilement;
de sorte qu'aprés n'avoir pû la vaincre
par la dispute, ils prirent resolution de la
mettre à mort par l'espée. Dans ce dessein
ils joignirent leurs forces, afin de les aug-
menter par l'union de leur double puissance.

Le combat se donna. Nostre pierre
deploya ses forces , & sa valeur : les
combatit tous deux; (*) les surmonta.; 38

(les diſſipa; & les engloutit l'un & l'autre
en ſorte qu'il ne reſta aucun veſtige, qui
puſt faire connoiſtre ce qu'ils eſtoient
devenus.

Ainſi chers amis, qui avéz la crainte
de Dieu devant les yeux, ce que je viens
de vous dire, doit vous faire connoiſtre
la verité, & vous éclairer l'eſprit autant
qu'il eſt neceſſaire, pour comprendre le
fondemẽt du plus grand,& du plus precieux de tous les treſors, qu'aucun Philoſophe na ſi clairement expoſé, découvert, ny mis au jour.

Vous n'avés donc pas beſoin d'autre
choſe. Il ne vous reſte qu'à prier Dieu,
qu'il veuille bien vous faire parvenir à la
poſſeſſion d'un joyau, qui eſt d'un prix
ineſtimable, Eguiſés aprés cela la pointe
de vos Eſprits; Liſés les eſcrits des ſages
avec prudence; travaillés avec diligence,
(& exactitude;) n'agiſſés pas avec pre-
cipitation dans un œuvre ſi precieux.
39 (*) Il a ſon temps ordonné par la nature,
tout de meſme que les fruits,qui ſont ſur
les arbres,& les grappes de raiſins que la
vigne porte. Ayés la droiture dans le
cœur, & propoſés vous(dans voſtre travail) une fin honneſte; autrement Dieu
40 ne vous accordera rien; (*) car il ne

communique un (si grand) don , qu'à
ceux qui veulent en faire un bon usage;
& il en prive ceux , qui ont dessein de
s'en servir , pour commettre le mal. Je
prie Dieu qu'il vous donne sa (sainte)
benediction. Ainsi soit-il.

F I N.

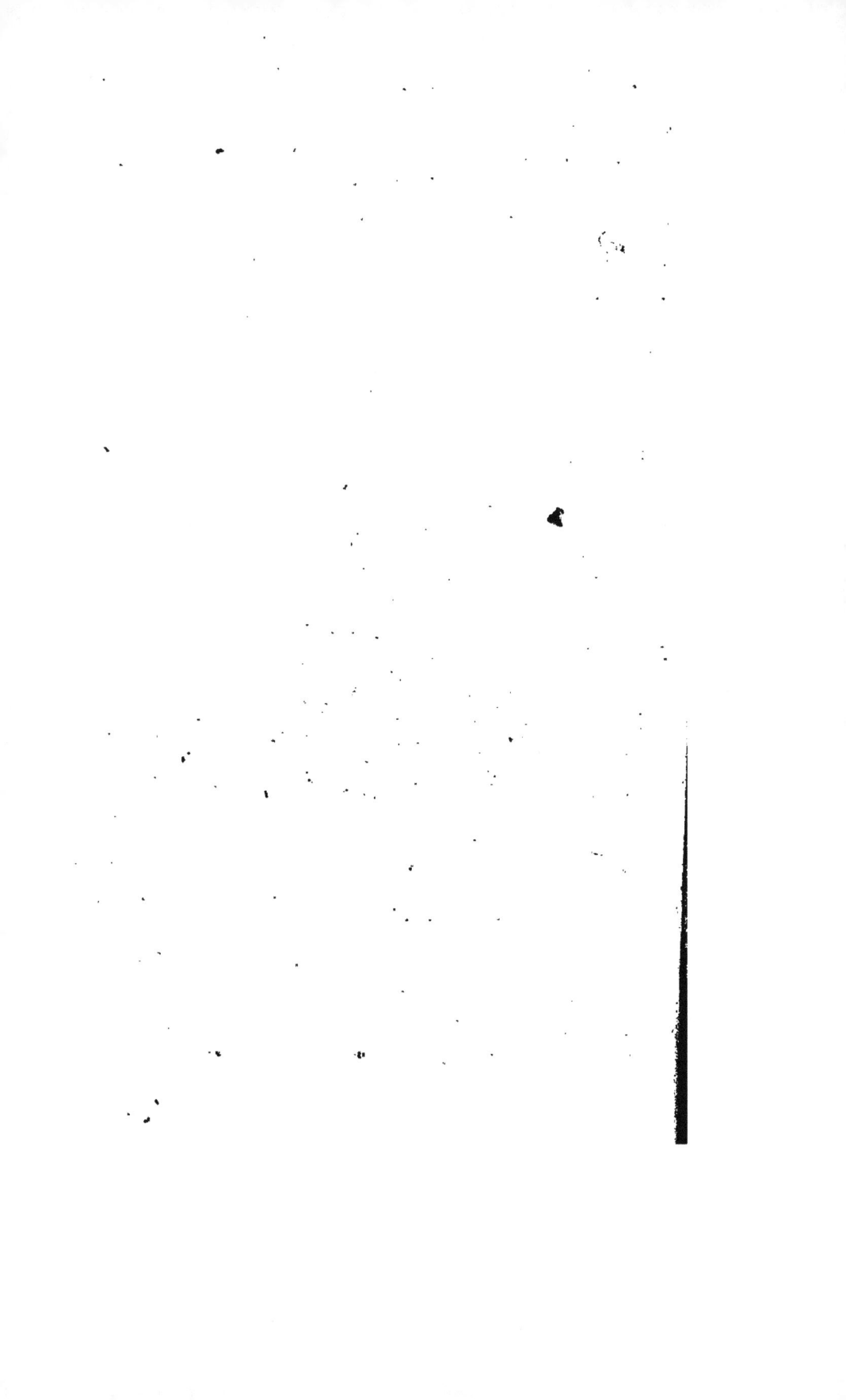

ENTRETIEN
D'EUDOXE
& de PYROPHILE
SUR
L'ANCIENNE GUERRE
DES CHEVALIERS.

D

ENTRETIEN

D'EUDOXE & DE PYROPHILE

Sur

L'Ancienne Guerre des Chevaliers.

PYROPHILE.

O Moment heureux, qui fait que je vous rencontre en ce lieu!il y a long temps que je souhaite avec le plus grand empreſſement du monde, de pouvoir vous entretenir du progrés que j'ay fait dans la Philoſophie, par la lecture des autheurs, que vous m'avés conſeillé de lire, pour m'inſtruire du fondement de cette divine ſcience, qui porte par excellence le nom de Philoſophie.

EUDOXE.

Je n'ay pas moins de joye de vous revoir, & j'en auray beaucoup d'apprendre quel eſt l'avantage que vous avez tiré de vôtre application à l'eſtude de nôtre ſacrée ſcience.

PYROPHILE.

Je vous ſuis redevable de tout ce que j'en ſçay, & de ce que j'eſpere encore penetrer dans les miſteres Philoſophi-

D ij

ques; ſi vous voulés bien continuer à me
préter le ſecours de vos lumieres. C'eſt
vous qui m'avez inſpiré le courage , qui
m'eſtoit neceſſaire , pour entreprendre
une eſtude, dont les difficultés paroiſſent
impénétrables dés l'entrée, & capables de
rebuter à tous momens , les eſprits les
plus ardents à la recherche des verités les
plus cachées : mais graces à vos bons conſeils, je ne me trouve que plus animé , à
pourſuivre mon entrepriſe.

EUDOXE.

Je ſuis ravi de ne m'eſtre pas trompé au jugement que j'ay fait du caractere de voſtre eſprit ; vous l'avés de
la trempe qu'il faut l'avoir, pour acquerir
des connoiſſances , qui paſſent la portée
des genies ordinaires, & pour ne pas mol-
lir contre tant de difficultés, & qui rendét
preſqu'inacceſſible le ſanctuaire de noſtre
Philoſophie : je louë extrememét la force
avec laquelle je ſçay que vous avés com-
batu les diſcours ordinaires de certains
Eſprits, qui croyent qu'il y va de leur hô-
neur, de traitter de reverie tout ce qu'ils
ne connoiſſent pas ; parce qu'ils ne veulent pas, qu'il ſoit dit, que d'autres puiſſent découvrir des verités, dont eux n'ont
aucune intelligence:

PYROPHILE.

Je n'ay jamais crû devoir faire beaucoup d'attention aux raisonnemens des
personnes, qui veulent decider des choses, qu'ils ne connoissent pas : mais je
vous avoüe, que si quelque chose eust-
est capable de me detourner d'une science, pour laquelle jay tousjours eu une
forte inclination naturelle , ç'auroit esté
une espece de honte, que l'ignorance a attaché à la recherche de cette Philosophie;
il est facheux en effet d'estre obligé de
cacher l'application qu'on y donne ; à
moins que de vouloir passer dans l'esprit
de la pluspart du monde, pour un homme, qui ne s'occupe qu'à de vaines Chi-
meres : mais comme la verité, en quelque endroit qu'elle se trouve a pour moy
des charmes souverains ; rien n'a pû me
detourner de cet estude. J'ay leu les
escrits d'un grand nombre de Philosophes, aussi considerables pour leur sçavoir, que pour leur probité ; & comme
je n'ay jamais pû mettre dans mon esprit,
que tant de grands personnages fussent
autant d'imposteurs publics ; j'ay voulu examiner leurs principes avec beaucoup d'application , & j'ay esté convaincu des verités qu'ils avancent ; bien

D iij

que je ne les comprenne pas encore toutes.

EUDOXE.

Je vous fçay fort bon gré de la jufti-
ce que vous rendés aux maiftres de noftre art : mais dites moy je vous prie ,
quels Philofophes vous avés particulierement lûs , & qui font ceux qui vous ont
le plus fatisfait ? Je m'eftois contenté de
vous en recommender quelques uns.

PYROPHILE.

Pour répondre à voftre demande, j'aurois un grand Catalogue à vous faire ; il y a plufieurs années que je n'ay
ceffé de lire divers Philofophes. J'ay efté
chercher la fcience dans fa fource. J'ay
leu la table d'emeraude, les fept chapitres d'Hermes , & leurs commentaires.
J'ay leu Geber, la Tourbe, le Rofaire, le
Theatre, la Bibliotheque, & le Cabinet
Chimiques , & particulierement Arte-
fius, Arnaud de Villeneufve , Raymond
Lulle , le Trevifan , Flamel, Zacchaire,
& plufieurs autres anciens, & modernes,
que je ne nomme pas ; entre autres Bafi-
le Valentin , le Cofmopolite , & Philalethe.

Je vous affeure que je me fuis terrible-
ment rompu la tefte, pour tacher de trou-

ver le point essentiel dans lequel ils doivent tous s'acorder, bien qu'ils se servent d'expressions si differentes, qu'elles paroissent mesme fort souvent opposées. Les uns parlent de la matiere en termes abstraits, les autres, en termes composés: les uns n'expriment que certaines qualités de cette matiere ; les autres s'attachent à des proprietés toutes differentes : les uns la considerent dans un estat purement naturel, les autres en parlét dans l'estat de quelques unes des perfections qu'elle reçoit de l'art ; tout cela jette dans un tel labyrinthe de difficultés, qu'il n'est pas estonnant, que la plufpart de ceux qui lifent les Philifophes, forment presque tous des conclusions differentes.

Je ne me suis pas contenté de lire une fois les principaux autheurs, que vous m'avés conseillés ; je les ay relus autant de fois, que j'ay crû en tirer de nouvelles lumieres, soit touchant la veritable matiere; soit touchant ses diverses preparations, dont depend tout le succez de l'œuvre. J'ay fait des Extraits de tous les meilleurs livres. J'ay medité là dessus nuit, & jour ; jusques à ce que j'ay crû connoistre la matiere, & ses preparations

differentes , qui ne font proprement
qu'une mefme operation continuée. Mais
je vous avoüe qu'aprés un fi penible travail , j'ay pris un fingulier plaifir, à lire l'ancienne querelle de la Pierre des
Philofophes avec l'Or, & le Mercure ;
la netteté, la fimplicité, & la folidité de
cet efcrit, m'ont charmé; & comme c'eft
une verité conftante, que qui entend parfaitement un veritable Philofophe, les
entend affeurement tous, permettés moy,
s'il vous plait, que je vous faffe quelques
queftions fur celuy-cy, & ayés la bonté
de me répondre, avec la même fincerité,
dõt vous avés toûjours ufé à mon égard.
Je fuis affeuré qu'aprés cela, je feray autant inftruit , qu'il eft befoin de l'eftre,
pour mettre la main à l'œuvre, & pour arriver heureufement à la poffeffion du
plus grand de tous les biens temporels ;
Dieu puiffe recompenfer ceux qui travaillent dans fon amour , & dans fa
crainte.

EUDOXE.

Je fuis preft à fatisfaire à vos demandes, & je feray tres-aife, que vous
touchiés le point effentiel, dans la refo-
lution où je fuis de ne vous rien cacher,
de ce qui peut fervir pour l'inftruction,
                                    dont

dont vous croyés avoir befoin : mais je
crois qu'il eft à propos , que je vous faffe
faire auparavant quelques remarques,
qui contribueront beaucoup à éclaircir
quelques endroits importants de l'efcrit
dont vous me parlez.

Remarqués donc que le terme dePier-
re eft pris en plufieurs fens differents, &
particulierement par rappott aux trois
differents eftats de l'œuvre ; ce qui fait
dire à Geber , qu'il y a trois Pierres , qui
font les trois medecines, répondant aux
trois degrés de perfection de l'œuvre : de
forte que la Pierre du premier ordre, eft
la matiere des Philofophes, parfaitement
purifiée, & reduite en pure fubftance
Mercuriele;la Pierre du fecond ordre eft
la mefme matiere cuite , digerée,& fixée
en foufre incombuftible;laPierre du troifiéme ordre eft cette méme matiere fermentée,multipliée &pouffée à la derniere
perfection de teinture fixe , permanenté,
& tingente : & ces trois Pierres font les
trois medecines des trois genres.

Remarqués de plus qu'il y a une grâ-
de difference entre la pierre des Philofophes , & la pierre philofophale. La premiere eft le fujet de la Philofophie con-
fideré dans l'eftat de fa premiere prepara-

E

tion, dans lequel elle est veritablement
Pierre, puis qu'elle est solide, dure,
pesante, cassante, friable ; elle est un
corps (dit Philalethe,) *puis qu'elle coule*
dans le feu, comme un metail; elle est cependant esprit, *puis qu'elle est toute vola-*
tile ; elle est *le composé, & la Pierre qui con-*
tient l'humidité, qui court dans le feu (dit
Arnaud de Villeneufve dans sa lettre au
Roy de Naples) C'est dans cet estat qu'elle est *une substance moyenne entre le metail*
& le Mercure, comme dit l'Abbé Sinesius;
c'est enfin, dans ce mesme estat que Geber
la considere, quand il dit en deux endroits
de sa Somme, *prens nostre Pierre ; c'est à*
dire (dit-il) *la matiere de nostre Pierre,* tout
de mesme que s'il disoit, prens la pierre
des Philosophes, qui est la matiere de la
pierre Philosophale.

La Pierre Philosophale est donc lames-
me Pierre des Philosophes; lors que par le
Magistere secret, elle est parvenuë à la
perfection de medecine du troisiéme ordre, transmuant tous les metaux imparfaits en pur Soleil, ou Lune, selon la nature du ferment, qui lui a esté adjouté.
Ces distinctions vous serviront beaucoup
pour developer le sens embarrassé des
escritures Philosophiques, & pour éclair-

cir plufieurs endroits de l'autheur, fur lequel vous avez des queſtions à me faire.

PYROPHILE.

Je reconnois desja l'utilité de ces remarques, & j'y trouve l'explication de
quelques uns de mes doutes: mais avant
que paſſer outre, dites moy je vous prie,
ſi l'Autheur de l'eſcrit, dont je vous parle, merite l'approbation, que plufieurs
Sçavans lui ont donnée, & s'il contient
tout le ſecret de l'œuvre ?

EUDOXE.

Vous ne devés pas douter que cet
eſcrit ne ſoit parti de la main d'un veritable Adepte, & qu'il ne merite par
conſequent l'eſtime, & l'approbation
des Philoſophes. Le deſſein principal
de cet autheur eſt de deſabuſer un nombre preſque infini d'artiſtes, qui trompés par le ſens litteral des eſcritures, s'attachent opiniatrement à vouloir faire le
Magiſtere, par la conjonction de l'Or
avec le Mercure diverſement preparé;
& pour les convaincre abſolument, il
ſoutient avec les plus anciens, & les
plus recommendables Philoſophes, que
l'œuvre n'eſt fait que d'une ſeule choſe, d'une
ſeule & meſme eſpece.

E ij

C'eſt juſtement là le premier des endroits qui m'ont cauſé quelque ſcrupule : car il me ſemble qu'on peut douter avec raiſon, qu'on doive chercher la
perfection dans une ſeule & même ſubſtance, & que ſans y rien adjouter, on
puiſſe en faire toutes choſes. Les Philoſophes diſent au contraire, que non ſeulement il faut oſter les ſuperfluités de
la matiere ; mais encore qu'il faut y adjouter ce qui luy manque.

EUDOXE.

Il eſt bien facile de vous delivrer
de ce doute par cette comparaiſon ; tout
de même que les ſucs extraits de pluſieurs
herbes, depurés de leur marc, & incor-
porés enſemble, ne font qu'une confection d'une ſeule, & même eſpece;
ainſi les Philoſophes appellẽt avec raiſon
leur matiere preparée, une ſeule & même choſe ; bien qu'on n'ignore pas, que
c'eſt un compoſé naturel de quelques
ſubſtances d'une même racine, & d'une
même eſpece, qui font un tout complet, & homogene; en ce ſens les Philoſophes ſont tous d'accord;bien que les
uns diſent, que leur matiere eſt compoſée de deux choſes, & les autres de trois,

que les uns efcrivent qu'elle eft de quatre, & même de cinq, & les autres enfin qu'elle eft une feule chofe. Ils ont
tous également raifon, puifque plufieurs
chofes d'une même efpece naturellement, & intimement unies, ainfi que
plufieurs eaux diftillées d'herbes, & mê-
lées enfemble, ne conftituent en effet
qu'une feule & même chofe, ce qui fe
fait dans nôtre art, avec d'autant plus
de fondement, que les fubftances qui
entrent dans le compofé Philofophique, different beaucoup moins entre
elles, que l'eau d'ofeille ne differe de
l'eau de laituë.

PYROPHILE.

Je n'ay rien à repliquer à ce que
vous venez de me dire. J'en comprends
fort bien le fens : mais il me refte un
doute, fur ce que je connois plufieurs
perfonnes, qui font verfées dans la lecture des meilleurs Philofophes, & qui neá-
moins fuivent une methode toute contraire au premier fondement, que nôtre
Autheur pofe ; fçavoir que *la matiere Phi-*
lofophique n'a befoin de quoy que ce foit autre,
que d'eftre diffoute, & coagulée. Car ces
perfonnes commencent leurs operations
par la coagulation ; il faut donc qu'ils

travaillent fur une matiere liquide, au lieu d'une Pierre; dites moy, je vous prie, fi cette voye eft celle de la verité.

EUDOXE.

Voftre remarque eft fort judicieufe. La plus grande partie des vrays Philofophes eft du mefme fentiment que celuy-cy. La matiere n'a befoin que d'eftre diffoute, & enfuite coagulée; la mixtion, la conjonction, la fixation, la coagulation, & autres femblables operations, fe font prefque d'elles mefmes: mais la folution eft le grand fecret de l'art. C'eft ce point effentiel, que les Philofophes ne revélent pas. Toutes les operations du premier œuvre, ou de la premiere medicine, ne font, à proprement parler, qu'une folution continuelle; de forte que calcination, extraction, fublimation, & diftillation ne font qu'une veritable folution de la matiere. Geber n'a fait comprendre la neceffité de la fublimation, que parce qu'elle ne purifie pas feulement la matiere de fes parties groffieres, & aduftibles; mais encore parce qu'elle la difpofe à la folution, d'où refulte l'humidité Mercuriele, qui eft la clef de l'œuvre.

PYROPHILE.

Me voilà extremement fortifié contre ces pretendus Philosophes, qui sont
d'un sentiment contraire à cet Autheur;
& je ne sçay comment ils peuvent s'i-
maginer, que leur opinion quadre fort
juste avec les meilleurs Autheurs.

EUDOXE.

Celuy-cy tout seul suffit pour leur
faire voir leur erreur ; il s'explique par
une comparaison tres juste de la glace,
qui se fond à la moindre chaleur ; pour
nous faire connoistre, *que la principale
des operations est de procurer la solution d'une* 3
*matiere dure, & seiche, aprochant de la na-
ture de la Pierre*, laquelle toutesfois par
l'action du feu naturel doit se resoudre
en eau seiche, aussi facilement, que la
glace se fond à la moindre chaleur.

PYROPHILE.

Je vous serois extremement obligé,
si vous vouliés me dire ce que c'est que
le feu naturel. Je comprends fort bien que 4
cet agent est la principale clef de l'art.
Plusieurs Philosophes en ont exprimé la
nature par des paraboles tres-obscures:
mais je vous avoüe, que je n'ay encore
pû comprendre ce mistere.

E iiij

En effet c'eſt le grand miſtere de l'art, puiſque tous les autres miſteres de cette ſublime Philoſophie dependent de l'intelligence de celui-cy. Que je ſerois ſatisfait, s'il m'eſtoit permis de vous expliquer ce ſecret ſans equivoque ; mais je ne puis faire ce qu'aucun Philoſophe n'a cru eſtre en ſon pouvoir. Tout ce que vous pouvés raiſonnablement attendre de moy, c'eſt de vous dire, que le feu naturel, dont parle ce Philoſophe, eſt un feu en puiſſance, qui ne brule pas les mains ; mais qui fait paroiſtre ſon efficace pour peu qu'il ſoit excité par le feu exterieur. C'eſt donc un feu veritablement ſecret, que cet Autheur nomme *Vulcain Lunatique* dans le titre de ſon eſcrit. Artephius en a fait une plus ample deſcription, qu'aucun autre Philoſophe. Pontanus l'a copié, & a fait voir qu'il avoit erré deux cens fois ; parce qu'il ne connoiſſoit pas ce feu, avant qu'il euſt leu, & compris Artephius : ce feu miſterieux eſt naturel, parce qu'il eſt d'une meſme nature que la matiere Philoſophique ; l'artiſte neanmoins prepare l'un & l'autre.

Pyrophile.

Ce que vous venez de me dire, augmente plus ma curiosité, qu'il ne la satisfait.
Ne condamnez pas les instantes prieres
que je vous fais, de vouloir m'éclaircir
davantage sur un point, si important,
qu'à moins que d'en avoir la connoissance, c'est en vain qu'on pretend travailler; on se trouve arreté tout court d'abord
aprés le premier pas, qu'on a fait dans la
pratique de l'œuvre.

Eudoxe.

Les sages n'ont pas esté moins reservez
touchant leur feu que touchant leur matiere; de sorte qu'il n'est pas en mon
pouvoir de rien adjouter à ce que je viens
de vous en dire. Je vous renvoye donc
à Artephius, & à Pontanus. Considerez seulement avec application, que ce
feu naturel est neanmoins une artificieuse
invention de l'artiste; qu'il est propre à
calciner, dissoudre, & sublimer la pierre des Philosophes; & qu'il n'y a que
cette seule sorte de feu au monde, capable de produire un pareil effet. Considerez que ce feu est de la nature de la chaux
& qu'il n'est en aucune maniere estranger à l'egard du sujet de la Philosophie.
Considerez enfin par quels moyens Geber

E v

enfeigne de faire les fublimations requifes à cet art : pour moy je ne puis faire
davantage, qué de faire pour vous le
même fouhait, qu'a fait un autre Philofophe : *Sydera Veneris , & corniculata Diana
tibi propitia funto.*

PYROPHILE.

J'aurois bien voulu, que vous m'euf-
fiés parlé plus intelligiblement:mais puis
qu'il y a de certaines bornes, que les
Philofophes ne peuvent paffer ; je me
contente de ce que vous venez de me
faire remarquer;je reliray Artephius avec
plus d'application, que je n'ay encore
fait; & je me fouviendray fort bien que
vous m'avez dit que le feu fecret des fages eft un feu, que l'artifte prepare felon
l'art, ou du moins, qu'il peut faire preparer par ceux qui ont une parfaite connoiffance de la Chimie ; que ce feu n'eft
pas actuelement chaud ; mais qu'il eft
un efprit igné introduit dans un fujet
d'une mefme nature que la pierre, &
qu'eftant mediocrement excité par le
feu exterieur, la calcine, la diffout, la
fublime, *& la refout en eau feiche,* ainfi que
ledit le Cofmopolite.

EUDOXE.

Vous comprenés fort bien ce que je

viens de vous dire; j'en juge par le commentaire , que vous y adjoutez. Sçachez
seulemét que de cette premiere solution,
calcination , ou sublimation , qui sont
ici une même chose , il en resulte la separation des parties terrestres & adustibles de la Pierre ; sur tout si vous suivés le conseil de Geber touchant le regime du feu, de la maniere qu'il l'enseigne,
lors qu'il traitte de la sublimation des
Corps , & du Mercure. Vous devés tenir pour une verité constante, qu'il n'y
a que ce seul moyen au monde, pour extraire de la pierre son humidité onctueu-
se, qui contient inseparablement le soufre & le Mercure des Sages.

PYROPHILE.

Me voilà entierement satisfait sur le
principal point du premier œuvre ; faites
moy la grace de me dire si la comparaison que nôtre Autheur fait *du froment*
avec la Pierre des Philosophes , à l'égard de
leur preparation necessaire , pour faire du
pain avec l'un,& la medecine universelle
avec l'autre , vous paroist une comparaison bien juste.

EUDOXE.

Elle est autant juste , qu'on puisse en
faire , si on considere la pierre en l'estat,

où l'artiste commence de la mettre, pour
pouvoir estre legitimement appellée le
sujet, & le composé Philosophique : car
tout de mesme que nous ne nous nour-
rissons pas de bled, tel que la nature le
produit; mais que nous sommes obligés
de le reduire en farine, d'en separer le
son, de la pétrir avec de l'eau, pour en
former le pain, qui doit estre cuit dans
un four, pour estre un aliment convenable ; de mesme nous prenons la pierre ;
nous la triturons ; nous en separons par
le feu secret, ce qu'elle a de terrestre;
nous la sublimons ; nous la dissolvons
avec l'eau de la mer des Sages ;nous cui-
sons cette simple confection, pour en
faire une medecine souveraine.

PYROPHILE.

Permettés moy de vous dire qu'il
me paroist quelque difference dans cette
comparaison. L'autheur dit qu'il faut
prendre ce mineral tout seul, pour faire cette grande medecine, & cependant
avec du bled tout seul nous ne sçaurions
faire du pain;il y faut adjoûter de l'eau,
& mesme du levain.

EUDOXE.

Vous avez desja la réponse à cette objection, en ce que ce Philoso-

phe, comme tous les autres, ne deffend
pas absolument de rien adjouter; mais
bien de rien adjouter, qui soit estranger, & contraire. L'eau qu'on adjoute à la farine, ainsi que le levain, ne
sont rien d'estranger ny de contraire à
la farine; le grain dont elle est faite a
esté nourri d'eau dans la terre; & par-
tant elle est d'une nature analogue avec
la farine: de mesme que l'eau de la mer
des Philosophes est de la même nature
que nôtre pierre; d'autant que tout ce
qui est compris sous le genre mineral,
& metallique, a esté formé & nourri
de cette mesme eau dans les entrailles de
la terre, où elle penétre avec les influen-
ces des astres. Vous voyés evidemment
parce que je viens de dire, que les Philosophes ne se contrédisent point, lors
qu'ils disent que leur matiere est une
seule & même substance, & lors qu'ils
en parlent comme d'un composé de plusieurs substances d'une seule, & mesme
espece.

PYROPHILE.

Je ne crois pas qu'il y ait personne
qui ne doive estre convaincu par des
raisons aussi solides, que celles que vous
venez d'alleguer. Mais dites-moy, s'il

vous plait, fi je me trompe, dans la confequence que je tire de cet endroit de
noftre autheur, où il dit que *ceux qui*
fçavent de quelle maniere on doit traitter les
metaux, & les mineraux, pourront arriver
droit au but qu'ils fe propofent. Si cela eft
ainfi, il eft evident qu'on ne doit chercher la matiere, & le fujet de l'art, que
dans la famille des metaux, & des mineraux, & que tous ceux qui travaillent
fur d'autres fujets, font dans la voye de
l'erreur.

EUDOXE.

Je vous réponds que vôtre confequence eft fort bien tirée; ce Philofophe n'eft pas le feul qui parle de cette
forte; il s'accorde en cela avec le plus
grand nombre des anciens, & des modernes. Geber qui a fçeu parfaitement
le Magiftere, & qui n'a usé d'aucune
allegorie, ne traite dans toute fa fom-
me, que des metaux, & des mineraux;
des corps & des efprits,& de la maniere
de les bien preparer, pour en faire l'œuvre, mais comme la matiere Philofophique eft en partie corps, & en partie efprit; qu'en un fens elle eft terreftre, &
qu'en l'autre elle eft toute celefte; & que
certains autheurs la confiderent en un

fens., & les autres en traittent en un autre ; cela a donné lieu à l'erreur d'un
grand nombre d'artiftes, qui fous le nom
d'Univerfaliftes, rejettent toute matiere
qui a reçeu une determination de la nature ; parce qu'ils ne fçavent pas détruire la matiere particuliere, pour en feparer le grain & le germe, qui eft la pure fubftance univerfelle, que la matiere
particuliere renferme dans fon fein, & à
laquelle l'artifte fage & éclairé, fçait rendre abfolument toute l'univerfalité qui
luy eft neceffaire, par la conjonction
naturelle qu'il fait de ce germe avec la
matiere univerfaliffime : de laquelle il a
tiré fon origine. Ne vous effrayés pas à
ces expreffions fingulieres ; noftre art eft
Cabaliftique. Vous comprendrés aife-
ment ces mifteres, avant que vous foyés
arrivé à la fin des queftions, que vous
avés deffein de me faire, fur l'autheur
que vous examinez.

P Y R O P H I L E.

Si vous ne me donniés cette efperan-
ce, je vous protefte, que ces mifte-
rieufes obfcurités feroient capables de
me rebuter, & de me faire defefperer
d'un bon fuccez: mais je prends une entiere confiance en ce que vous me dites,

& je comprens fort bien, que les metaux du vulgaire ne font pas les metaux
des Philofophes; puifque je vois evidemment, que pour eftre tels, il faut qu'ils
foient détruits, & qu'ils ceffent d'eftre
metaux ; & que le fage n'a befoin que
de certe humidité vifqueufe, qui eft leur
matiere premiere, de laquelle les Philofophes font leurs metaux vivants, par
un artifice, qui eft auffi fecret, qu'il eft
fondé fur les principes de la nature;n'eft-
ce pas là vôtre penfée?

EUDOXE.

Si vous fçavés auffi bien les loix de
la pratique de l'œuvre, comme vous
me paroiffés en comprendre la theorie;
vous n'avés pas befoin de mes éclaircif-
femens.

PYROPHILE.

Je vous demande pardon. Je fuis
bien efloigné d'eftre auffi avancé, que
vous vous l'imaginés;ce que vous croyés
eftre un effet d'une parfaite connoiffance
de l'art, n'eft qu'une facilité d'expref-
fion, qui ne vient que de la lecture des
Autheurs, dont j'ai la memoire remplie.
Je fuis au contraire tout preft à defefperer de poffeder jamais de fi hautes
connoiffances, lorfque je vois que ce
Philo

Philofophe veut, comme plufieus autres, que celuy qui afpire à cette fcience, *connoiffe exterieurement, & interieurement les propriétés de toutes chofes, & qu'il penétre dans la profondeur des operations de la nature*. Dites-moy, s'il vous plaît, qui eft l'homme qui peut fe flatter de parvenir à un fçavoir d'une fi vafte eftenduë ?

EUDOXE.

Il eft vray que ce Philofophe ne met point de bornes au fçavoir de celuy qui pretend à l'intelligence d'un art fi merveilleux : car le fage doit parfaitement connoiftre la nature en general , & les operations qu'elle exerce, tant dans le centre de la terre, en la generation des mineraux, & des metaux ; que fur là terre, en la production des vegetaux, & des animaux. Il doit connoiftre auffi la matiere univerfelle, & la matiere particuliere & immediate, fur laquelle la nature opere pour la generation de tous les êtres ; il doit connoiftre enfin le rapport & la fympatie, ainfi que l'antipatie & l'averfion naturelle, qui fe rencontre entre toutes les chofes du monde. Telle eftoit la fcience du Grand Hermhes,& des premiers Philofophes , qui comme luy font parvenus à la connoiffance de cette

E

fublime Philofophie, par la penétration
de leur efprit, & par la force de leurs
raifonnemens : mais depuis que cette
fcience a efté efcrite, & que la connoiffance generale, dont je viens de donner
une idée, fe trouve dans les bons livres;
la lecture, & la meditation, le bon fens
& une fuffifante pratique de la Chimie,
peuvent donner prefque, toutes les lumieres neceffaires, pour acquerir la connoiffance de cette fupreme Philofophie;
fi vous y adjoutez la droiture du cœur,
& de l'intention, qui attirent la benediction du Ciel fur les operations du fage,
fans quoy il eft impoffible de reüffir.

PYROPHILE.

Vous me donnés une joye tres-fen-
fible. J'ay beaucoup leu ; j'ay medité
encore davantage; je me fuis exercé dans
la pratique de la Chimie ; j'ay verifié le
dire d'Artephius, qui affeure *que celui-là*
ne connoit pas la compofition des metaux, qui
ignore comment il les faut detruire, & fans
cette deftruction, il eft impoffible d'extraire l'humidité metallique, qui eft la
veritable clef de l'art ; de forte que je
puis m'affeurer d'avoir acquis la plus grã-
de partie des qualitez, qui, felon vous,
font requifes en celuy qui afpire à ces

grandes connoiſſances; j'ay de plus un
avantage bien particulier, c'eſt la bonté
que vous avez, de vouloir bien me faire
part de vos lumieres, en éclairciſſant mes
doutes ; permettez moy donc de continuer, & de vous demander, ſur quel
fondement l'Or fait un ſi grand outrage
à la Pierre des Philoſophes, *l'appellant un*
vers venimeux, & la traittant d'ennemie des
hommes, & des metaux.

EUDOXE.

Ces expreſſions ne doivent pas vous
paroiſtre étranges. Les Philoſophes
mêmes appellent leur pierre *Dragon,*
& Serpent ; qui infecte toutes choſes par ſon
venin. Sa ſubſtance en effet, & ſa vapeur
ſont un poiſon, que le Philoſophe doit
ſçavoir changer en Theriaque, par la
preparation, & par la cuiſſon. La pierre de plus eſt l'ennemie des metaux, puis
qu'elle les detruit, & les devore. Le Coſmopolite dit qu'il y a un metal, & un
acier, *qui eſt comme l'eau des metaux, qui*
a le pouvoir de conſumer les metaux, qu'il
n'y a que l'humide radical du ſoleil & de la
lune, qui puiſſent lui reſiſter. Prenez garde
cependant, de ne pas confondre icy la
Pierre des Philoſophes avec la Pierre phi-
loſophale; parceque ſi la premiere comme

un veritable dragon, détruit, & devore les
metaux imparfaits ; la feconde comme une
fouveraine medecine, les tranfmuë en metaux parfaits ; & rend les parfaits plufque
parfaits,& propres à parfaire les imparfaits.

PYROPHILE.

Ce que vous me dites ne me confirme
pas feulement dans les connoiffances que
j'ay acquifes par la lecture, par la meditation, & par la pratique ; mais encore me
donne de nouvelles lumieres, à l'efclat
defquelles, je fens diffiper les tenebres,
fous lefquelles les plus importantes verités Philofophiques m'ont paru voilées
jufques à prefent. Auffi je conclus par les
termes de noftre Autheur qu'il faut que
les plus grands Medecins fe trompent,
en croyant *que la medecine univerfelle eft
dans l'or vulgaire.* Faites-moy la grace de
medire ce que vous en penfés.

EUDOXE.

Il n'y a point de doute que l'or poſ-
fede de grandes vertus, pour la confer-
vation de la fanté, & pour la guerifon
des plus dangereufes maladies. Le cui-
vre, l'eftain, le plomb, & le fer font tous
les jours utilement employés par les Medecins ; de même que l'argent ; parce
que leur folution, ou decompofition, qui

manifeste leus proprietés, eſt plus facile
que ne l'eſt celle de l'or ; c'eſt pourquoy,
plus les preparations que les artiſtes ordinaires en font , ont de rapport aux
principes , & à la pratique de noſtre art ;
plus elles font paroiſtre les merveilleuſes
vertus de l'or ; mais je vous dis en verité,
que fans la connoiſſance de noſtre magiſtere , qui feul enfeigne la deſtruction
eſſentiele de l'or , il eſt impoſſible d'en
faire la medecine univerſelle ; mais le
fage peut la faire beaucoup plus aiſément
avec l'or des Philoſophes , qu'avec l'or
vulgaire : auſſi voyés-vous que cet Autheur fait répondre à l'or par la pierre,
qu'il doit bien pluſtoſt ſe fâcher contre Dieu de
ce qu'il ne luy a pas donné les avantages, dont
il a bien voulu la doüer elle ſeule.

PYROPHILE.

A cette premiere injure que l'Or fait
à la Pierre , il en adjoute une feconde,
l'appellant fugitive , & trompeuſe , qui abuſe 10
tous ceux qui fondent en elle quelque eſperan-
ce. Apprenés-moy , je vous prie , comment on doit foûtenir l'innocence de la
pierre, & la juſtifier d'une calomnie de
cette nature.

EUDOXE.

Souvenés-vous des remarques que je

vous ay desja fait faire, touchant les trois
eſtats differens de la pierre; & vous con-
noiſtrez comme moy, qu'il faut qu'elle
ſoit dans ſon commencement toute volatile, & par conſequent fugitive, pour
eſtre deputée de toutes ſortes de terre-
ſtreïtés, & reduite de l'imperfection à la
perfection que le magiſtere lui donne
dans ſes autres eſtats; c'eſt pourquoy
l'injure que l'or pretend luy faire, tourne à ſa loüange; d'autant que ſi elle n'é-
toit volatile, & fugitive dans ſon commencement, il ſeroit impoſſible de lui
donner à la fin la perfection, & la fixité
qui lui ſont neceſſaires; de ſorte que ſi
elle trompe quelqu'un, elle ne trompe
que les ignorans : mais elle eſt toûjours
fidele aux enfans de la ſcience.

PYROPHILE.

Ce que vous me dites eſt une verité
conſtante : j'avois appris de Geber qu'il
n'y avoit que les eſprits, c'eſt à dire,
les ſubſtances volatiles, capables de penétrer les
corps, de s'unir à eux, de les changer, de les
teindre, & de les perfectionner; lors que ces
eſprits ont eſté depoüillés de leurs parties groſ-
ſieres, & de leur humidité aduſtible. Me
voilà pleinement ſatisfait ſur ce point:
mais comme je vois que la pierre a un

extreme mépris pour l'or, & qu'elle se glorifie *de contenir dans son sein un or infi-* II) *niment plus precieux* ; faites moy la grace de me dire, de combien de sortes d'or les Philosophes reconnoissent.

EUDOXE.

Pour ne vous laisser rien à desirer touchant la theorie & la pratique de nostre Philosophie , je veux vous apprendre que selon les Philosophes il y a trois sortes d'or.

Le premier est un or astral, dont le centre est dans le soleil , qui par ses rayons le communique en mesme temps que sa lumiere, à tous les astres, qui luy sont inferieurs. C'est une substance ignée, & une continuelle emanation de corpuscules solaires, qui par le mouvement du soleil , & des astres , étant dans un perpetuel flux & reflux , remplissent tout l'univers ; tout en est penetré dans l'estenduë des cieux sur la terre , & dans ses entrailles, nous respirons continuellement cet or astral, ces particules solaires penetrent nos corps & s'en exhalent sans cesse.

Le second est un or elementaire, c'est à dire qu'il est la plus pure, & la plus fixe portion des Elemens , & de

toutes les subſtances, qui en ſont com-
poſées ; de ſorte que tous les êtres ſublu-
naires des trois genres, contiennent dans
leur centre un précieux grain de cet or
elementaire.

Le troiſiéme eſt le beau metail, dont
l'éclat, & la perfection inalterables, luï
donnent un prix, qui le fait regarder de
tous les hommes, comme le ſouverain
remede de tous les maux, & de toutes
les neceſſités de la vie, & comme l'unique fondement de l'independence de la
grandeur, & de la puiſſance humaine;
c'eſt pourquoi il n'eſt pas moins l'objet
de la convoitiſe des plus grands Princes,
que celuy des ſouhaits de tous les peuples
de la terre.

Vous ne trouverés plus de difficulté
aprés cela, à conclure, que l'or metallique n'eſt pas celuy des Philoſophes, &
que ce n'eſt pas ſans fondement, que
dans la querelle dont il s'agit icy, la pierre luy reproche, qu'il n'eſt pas tel, qu'il
penſe eſtre : mais que c'eſt elle, qui ca-
che dans ſon ſein le veritable or des Sages, c'eſt-à-dire les deux premieres ſortes d'or, dont je viens de parler : car
vous devez ſçavoir que la pierre eſtant
la plus pure portion des Elemens metalliques,

liques, aprés la feparation, & la purification, que le fage en a fait, il s'enfuit
qu'elle eft proprement l'or de la feconde
efpece; mais lors que cet or parfaitement
calciné, & exalté jufques à la netteté, &
à la blancheur de la neige, a acquis par le
magiftere une fympatie naturelle avec
l'or aftral, dont il eft visiblement de-
venu le veritable aiman, il attire, & il
concentre en lui mefme une fi grande
quantité d'or aftral, & de particules fo-
laires, qu'il reçoit de l'emanation continuelle qui s'en fait du centre du foleil, &
de la lune, qu'il fe trouve dans la difpofition prochaine d'eftre l'or vivant des
Philofophes, infiniment plus noble, &
plus precieûx, que l'or metallique, qui
eft un corps fans ame, qui ne fçauroit
eftre vivifié, que par nôtre or vivant,
& par le moyen de noftre magiftere.

PYROPHILE.

Combien de nuages vous diffipés dans
mon efprit, & combien de mifteres Philofophiques vous me developés tout à la
fois, par les chofes admirables que vous
venez de me dire ! je ne pourray jamais
vous en remercier autant que je le dois.
Je vous avoüe que je ne fuis plus furpris
aprés cela, que la Pierre pretende la pre-

G

ference au deſſus de l'or, & qu'elle mépriſe
ſon éclat, & ſon merite imaginaires; puiſque la moindre partie de ce qu'elle donne aux Philoſophes, vaut plus que tout
l'or du monde. Ayés, s'il vous plaît, la
bonté de continuer à mon égard, comme
vous avés commencé ; & faites-moy la
grace de me dire comment la pierre peut
ſe faire honneur *d'eſtre une matiere fluide,*
& non-permanente ; puiſque tous les Philoſophes veulent qu'elle ſoit plus fixe,
que l'or même ?

12

EUDOXE.

Vous voyés que voſtre Autheur aſſeure, que la fluidité de la pierre tourne
à l'avantage de l'Artiſte ; mais il adjoute qu'il faut en même temps, que l'Artiſte ſçache la maniere d'extraire cette
fluidité, c'eſt à dire cette humidité, qui
eſt la cauſe de ſa fluidité, & qui eſt la
ſeule choſe, dont le Philoſophe a beſoin,
comme je vous l'ay déja dit ; de ſorte
qu'eſtre fluide, volatile, & non-permanente, ſont des qualités autant neceſſaires à la Pierre dans ſon premier eſtat,
comme le ſont la fixité, & la permanance, lors qu'elle eſt dans l'eſtat de ſa derniere perfection ; c'eſt donc avec raiſon
qu'elle s'en glorifie d'autant plus juſte-

ment, que cette fluidité n'empêche
point, qu'elle ne soit doüée d'une ame
plus fixe, que n'est l'or : mais je vous
dis encore une fois, que le grand secret
consiste, à sçavoir la maniere de tirer
l'humidité de la pierre. Je vous ay adverti, que c'est là veritablement la plus
importante clef de l'art. Aussi est-ce sur
ce point, que le grand Hermes s'écrie,
Benite soit la forme aqueuse qui dissout les
Elemens. Heureux donc l'Artiste qui ne
connoist pas seulement la Pierre ; mais
qui sçait de plus la convertir en eau. Ce
qui ne peut se faire par aucun autre
moyen, que par nostre feu secret, qui
calcine, dissout, & sublime la pierre.

PYROPHILE.

D'où vient donc *qu'entre cent Artistes,*
il s'en trouve à peine un qui travaille avec la
Pierre, & qu'au lieu de s'attacher tous
à cette seule, & unique matiere, seule
capable de produire de si grandes merveilles, ils s'appliquent au contraire presque tous à des sujets, qui n'ont aucune
des qualités essentielles, que les Philosophes attribuent à leur pierre ?

EUDOXE.

Cela vient en premier lieu de l'ignorance des Artistes, qui n'ont point au-

G ij

tant de connoiſſance , qu'ils devroient
en avoir , de la nature , ny de ce qu'elle
eſt capable d'operer , en chaque choſe :
& en ſecond lieu , cela vient d'un manque de penetration d'eſprit, qui fait qu'ils
ſe laiſſent aiſement tromper aux expreſſions equivoques , dont les Philoſophes
ſe ſervent , pour cacher aux ignorans ,
& la matiere & ſes veritables preparations. Ces deux grãds defauts ſont cauſe,
que ces artiſtes prenent le change, & s'a-
tachent à des ſujets auſquels ils voyent
quelques unes des qualités exterieures de
la veritable matiere Philoſophique , ſans
faire reflexion aux caracteres eſſentiels ,
qui la manifeſtent aux Sages.

P Y R O P H I L E.

Je reconnois evidemment l'erreur de
ceux qui s'imaginent que l'or, & le Mercure vulgaires ſont la veritable matiere
des Philoſophes; & j'en ſuis fort perſuadé,
voyant combien eſt foible le fondement
ſur lequel l'or s'appuye , pour pretendre cet avantage au deſſus de la pierre ,
alleguant en ſa faveur ces paroles d'Hermes , *le Soleil eſt ſon pere , & la Lune eſt ſa*
14 *mere.*

E U D O X E.

Ce fondement eſt frivole ; je viens de

vous faire voir ce que les Philosophes entendent, lors qu'ils attribuent au Soleil
& à la Lune les principes de la pierre. Le
Soleil, & les astres en sont en effet la
premiere cause ; ils influent à la pierre
l'esprit, & l'ame, qui lui donnent la vie,
& qui font toute son efficace. C'est pourquoi ils en sont le Pere & la Mere.

PYROPHILE.

Tous les Philosophes disent, comme
celuy-cy, que *la Teinture Phisique est compo-*
sée d'un soufre rouge, & incombustible, & 15
d'un Mercure clair, & bien purifié : cette authorité est elle plus forte, que la precedente, pour devoir faire conclure que
l'Or, & le Mercure sont la matiere de la
pierre ?

EUDOXE.

Vous ne devés pas avoir oublié, que
tous les Philosophes declarent unanime-
ment, que l'or & les metaux vulgaires
ne sont pas leurs metaux ; que les leurs
sont vivans, & que les autres sont morts;
vous ne devés pas avoir oublié non plus
que je vous ay fait voir par l'authorité
des Philosophes, appuyée sur les principes de la nature, que l'humidité metallique de la pierre preparée & purifiée,
contient inseparablement dans son sein

le foufre & le Mercure des Philofophes ;
qu'elle eft par confequent cette feule
chofe d'une feule & même efpece, à laquelle on ne doit rien adjouter ; & que
le feul Mercure des fages a fon propre
foufre, par le moyen duquel il fe coagule, & fe fixe ; vous devés donc tenir
pour une verité indubitable, que le mélange artificiel d'un fouffre, & d'un Mercure, quels qu'ils puiffent eftre, autres
que ceux qui font naturellement dans la
pierre, ne fera jamais la veritable confection Philofophique.

PYROPHILE.

16 *Mais cette grande amitié naturelle qui eft
entre l'Or & le Mercure, & l'union qui s'en
fait fi aifément, ne font-ce pas des preuves,
que ces deux fubftances doivent fe convertir par une digeftion convenable, en
une parfaite Teinture ?*

EUDOXE.

Rien n'eft plus abfurde que cela : car
quand tout le Mercure, qu'on mêlera
avec l'or, fe convertiroit en or ; ce qui
eft impoffible ; ou que tout l'or fe convertiroit en Mercure, ou bien en une
moyenne fubftance ; il ne fe trouveroit
jamais plus de teinture folaire dans cette confection, qu'il y en avoit dans l'or.

qu'on auroit mêlé avec le Mercure ; &
par conſequent elle n'auroit aucune vertu tingeante , ni aucune puiſſance multiplicative. Outre qu'on doit tenir pour
conſtant, qu'il ne ſe fera jamais une parfaite union de l'or, & du Mercure ; &
que ce fugitif compagnon abandonnera
l'or auſſi-tôt qu'il ſe ſentira preſſé par
l'action du feu.

PYROPHILE.

Je ne doute en aucune maniere de ce
que vous venez de me dire;c'eſt là le ſentiment conforme à l'experience des plus
ſolides Philoſophes, qui ſe declarent ouvertement contre l'Or,& le Mercure vulgaires : mais il me vient en même temps
un ſcrupule, ſur ce qu'eſtant vray que les
Philoſophes ne diſent jamais moins la verité, que lors qu'ils l'expliquent ouvertement, ne pourroient-ils pas, touchant
l'excluſion évidente de l'or, abuſer ceux
qui prennent leurs paroles à la lettre ? ou
bien doit-on tenir pour aſſeuré, comme
dit cet Autheur, *que les Philoſophes ne ma-* 17
nifeſtent leur Art, que lors qu'ils ſe ſervent de
ſimilitudes, de figures & de paraboles ?

EUDOXE.

Il y a bien de la difference,entre declarer
poſitivement, que telle ou telle matiere
G. iiij

n'eſt pas le veritable ſujet de l'art , comme ils font touchant l'or, & le Mercure;
& donner à connoître ſous des figures,
& des allegories , les plus importans ſe-
crets, aux enfans de la ſcience, qui ont
l'avantage de voir clairement les verités
Philoſophiques, à travers les voiles enig-
matiques, dont les Sages ſçi vent les cou-
vrir. Dans le premier cas , les Philoſophes diſent negativement la verité ſans
équivoque ; mais lors qu'ils parlent af-
firmativement, & clairement ſur ce ſujet, on peut conclure , que ceux qui
s'attacheront au ſens litteral de leurs paroles, feront indubitablement trompés.
Les Philoſophes n'ont point de moyen
plus aſſeuré, pour cacher leur ſcience à
ceux qui en ſont indignes, & la mani-
feſter aux Sages , que de ne l'expliquer
que par des allegories dans les points eſſentiels de leur art ; c'eſt ce qui fait dire
à Artephius, que *cet art eſt entierement
Cabaliſtique*, pour l'intelligence duquel,
on a beſoin d'une eſpece de revelation ;
la plus grande penetration d'eſprit, ſans
le ſecours d'un fidel ami , qui poſſede
ces grandes lumieres, n'eſtant pas ſuf-
fiſante , pour demêler le vray d'avec le
faux : auſſi eſt-il comme impoſſible, qu'a-

vec le feul fecours des livres , & du travail, on puiffe parvenir à la connoiffance
de la matiere , & encore moins à l'intelligence d'une pratique fi finguliere, toute fimple, toute naturelle , & toute facile qu'elle puiffe eftre.

PYROPHILE.

Je reconnois par ma propre experience, combien eft neceffaire le fecours d'un
veritable ami , tel que vous l'eftes. Au
defaut dequoi il me femble que les Artiftes , qui ont de l'efprit, du bon fens,&
de la probité , n'ont point de meilleur
moyen, que de conferer fouvent enfemble, tant fur les lumieres qu'ils tirent de
la lecture des bons livres , que fur les
découvertes qu'ils font par leur travail ;
afin que de la diverfité , & du chocq,
pour ainfi dire, de leurs differens fentimens ; il naiffe de nouvelles étincelles
de clarté , à la faveur defquelles ils puiffent porter leurs decouvertes, jufques au
dernier terme de cette fecrete fcience.
Je ne doute pas que vous n'approuviés
mon opinion : mais comme je fçay que
plufieurs Artiftes traittent de vifion , &
de paradoxe le fentiment des Autheurs,
qui foutiennent avec celui-cy, *qu'on doit*
chercher la perfection dans les chofes impar- 18

G v

faites, je vous feray extrémement obligé,
fi vous voulés bien me dire voftre fentiment fur un point, qui me paroit d'une
grande confequence.

EUDOXE.

Vous eftes déja perfuadé de la fincerité,& de la bonne foy de voftre Autheur;
vous devés d'autant moins la revoquer
en doute fur ce point, qu'il s'accorde
avec les veritables Philofophes; & je ne
fçaurois mieux vous prouver la verité de
ce qu'il dit icy, qu'en me fervant de la
même raifon qu'il en donne, après le fçavant Raimond Lulle. Car il eft conftant
que la nature s'arrefte à fes productions,
lors qu'elle les a conduites jufques à l'é-
tat,& à la perfection qui leur convient;
par exemple, lorfque d'une eau minerale
tres-claire & tres-pure, teinte par quelque portion de fouffre metallique, la nature produit une pierre precieufe, elle
en demeure là; comme elle fait, lorfque
dans les entrailles de la terre, elle a formé de l'Or, avec l'eau Mercurielle, mere
de tous les metaux, impregnée d'un pur
fouffre folaire;de forte que comme il n'eft
pas poffible de rendre un diamant, ou
un rubis, plus precieux qu'il n'eft en
fon efpece; de même il n'eft pas au pou-

voir de l'Artiste, je dis bien plus, il n'est
pas au pouvoir même de la nature, de
pousser l'or à une plus grande perfection
que celle qu'elle luy a donnée : le seul
Philosophe est capable de porter la nature depuis une imperfection indeterminée,
jusques à la plusque-perfection. Il est donc
necessaire, que nôtre Magistere produise
quelque chose de plusque-parfait, & pour
y parvenir le Sage doit commencer par
une chose imparfaite, laquelle estant dans
le chemin de la perfection, se trouve
dans la disposition naturelle à estre portée, jusques à la plusque-perfection, par
le secours d'un art tout divin, qui peut
aller au delà du terme limité de la nature ; & si nôtre art ne pouvoit rendre
un sujet plusque-parfait, on ne pourroit
non plus rendre parfait, ce qui est imparfait, & toute nostre Philosophie seroit
une pure vanité.

PYROPHILE.

Il n'y a personne qui ne doive se rendre à la solidité de vos raisonnemens :
mais ne diroit-on pas, que cet Autheur se
contredit icy manifestement, lors qu'il
fait dire à la pierre, que le Mercure commun (quelque bien purgé qu'il puisse
estre) n'est pas le Mercure des Sages ;

par aucune autre raison, sinon *à cause
qu'il est imparfait* ; puisque selon lui, s'il
estoit parfait, on ne devroit pas chercher
en lui la perfection.

EUDOXE.

Prenez bien garde à cecy, & concevés
bien, que si le Mercure des Sages a esté
eslevé par l'art d'un estat imparfait, à un
estat parfait, cette perfection n'est pas
de l'ordre de celle, à laquelle la nature
s'arrête dans la production des choses, selon la perfection de leurs especes, telle
qu'est celle du Mercure vulgaire; mais
au contraire la perfection que l'art donne au Mercure des Sages, n'est qu'un estat
moyen, une disposition, & une puissance, qui le rend capable d'estre porté par
la continuation de l'œuvre, jusques à
l'estat de la plusque-perfection, qui lui
donne la faculté par l'accomplissement
du Magistere, de perfectionner ensuite
les imparfaits.

PYROPHILE.

Ces raisons toutes abstraites qu'elles
sont, ne laissent pas d'estre sensibles, &
de faire impression sur l'esprit : pour moi
je vous avoüe que j'en suis entierement
convaincu ; ayés la bonté, je vous prie,
de ne pas vous rebuter de la continua-

tion de mes demandes. Noftre Autheur
affeure que l'erreur dans laquelle les Artiftes tombent, en prenant l'or, & le
Mercure vulgaires, pour la veritable matiere de la pierre, abufés en cela par le
fens litteral des Philofophes, *eft la grande
pierre d'achopement d'un miliers de perfonnes*;
pour moi je ne fçay comment avec la lecture, & le bon fens, on peut s'attacher
à une opinion, qui eft vifiblement con-
damnée par les meilleurs Philofophes?

EUDOXE.

Cela eft pourtant ainfi. Les Philofophes ont beau recommander qu'on ne fe
laiffe pas tromper au Mercure, ny même
à l'or vulgaire ; la plûpart des artiftes s'y
attachent neanmoins opiniatrément, &
fouvent aprés avoir travaillé inutilement
pendant le cours de plufieurs années, fur
des matieres eftrangeres, reconnoiffent
enfin la faute qu'ils ont faite; ils viennent
cependant à l'or, & au Mercure vulgaires,
dans lefquels ils ne trouvent pas mieux
leur compte. Il eft vrai qu'il y a des Philofophes, qui paroiffant d'ailleurs fort
finceres, jettent neanmoins les Artiftes
dans cette erreur ; foutenant fort ferieu-
fement, que ceux qui ne connoiffent pas
l'or des Philofophes, pourront toutes-

fois le trouver dans l'or commun, cuit avec le Mercure des Philosophes. Philalethe est de ce sentiment; il asseure que le Trevisan, Zachaire, & Flamel ont suivi cette voye ; il ajoute cependant *qu'elle n'est pas la veritable voye des Sages ; quoy qu'elle conduise à la même fin.* Mais ces asseurances toutes sinceres qu'elles paroissent, ne laissent pas de tromper les Artistes; lesquels voulant suivre le même Philalethe, dás la purification & l'animation, qu'il enseigne, du Mercure commun, pour en faire le Mercure des Philosophes, (ce qui est une erreur tres-grossiere sous laquelle il a caché le secret du Mercure des Sages) entreprenent sur sa parole un ouvrage tres-penible & absolument impossible ; aussi aprés un long travail plein d'ennuys, & de dangers, ils n'ont qu'un Mercure un peu plus impur, qu'il n'estoit auparavant, au lieu d'un Mercure animé de la quintessence celeste : erreur deplorable, qui a perdu, & ruiné, & qui ruinera encore un grand nombre d'Artistes.

PYROPHILE.

C'est un grand avantage de pouvoir se faire sage aux dépens d'autruy : pour moy je tâcheray de profiter de cette erreur, en suivant les bons Philosophes,

& en me conduifant felon les lumieres
que vous me faites la grace de me donner. Une des chofes qui contribuë le plus
à l'aveuglement des Artiftes, qui s'attachent à l'Or, & au Mercure, eft le dire
cômun des Philofophes, fçavoir que leur
pierre eft compofée de mâle&de femelle,
que l'Or tient lieu de mâle, felon eux,
& le Mercure de femelle ; je fçay bien,
(ainfi que le dit mon Autheur) *qu'il n'en* 12
eft pas de même avec les metaux, qu'avec les
chofes qui ont vie; cependant je vous ferai
fenfiblement obligé, fi vous voulés bien
avoir la bonté de m'expliquer en quoy
confifte cette difference.

EUDOXE.

C'eft une verité conftante, que la co-
pulation du mâle, & de la femelle eft or-
donnée de la nature, pour la generation
des animaux ; mais cette union du mâle
& de la femelle pour la production de
l'elixir, ainfi que pour celle des metaux,
eft purement allegorique, & n'eft non
plus neceffaire, que pour la production
des vegetaux, dont la femence contient
feule tout ce qui eft requis, pour la ger-
mination, l'accroiffement, & la multiplication des Plantes. Vous remarquerez donc que la matiere Philofophique,

ou le Mercure des Philosophes, est une
veritable semence, laquelle bien qu'homogene en sa substance, ne laisse pas d'ê-
tre d'une double nature ; c'est-à-dire,
qu'elle participe également de la nature
du souffre, & de celle du Mercure metalliques , intimement & inseparablement unis , dont l'un tient lieu de mâle,
& l'autre de femelle : c'est pourquoy les
Philosophes l'appellent Hermaphrodite,
c'est-à-dire qu'elle est doüée des deux
sexes ; en sorte que sans qu'il soit besoin
du mélange d'aucune autre chose , elle
suffit seule pour produire l'enfant Philosophique, dont la famille peut être mul-
tipliée à l'infini; de même qu'un grain de
bled pourroit avec le tems , & la cultu-
re, en produire une assés grande quantité,
pour ensemencer un vaste champ.

PYROPHILE.

Si ces merveilles sont aussi réelles,
qu'elles sont vray-semblables , on doit
avoüer que la science , qui en donne la
connoissance, & qui en enseigne la pratique , est presque surnaturelle , & divine : mais pour ne pas m'écarter de mon
Autheur, dites moy, je vous prie , si la
pierre n'est pas bien hardie de soutenir
hautement,& sans en alleguer des raisons
bien

bien-pertinentes, *que fans elle il eft impof-*
fible de faire aucun or , ny aucun argent , qui
foient veritables. l'Or lui difpute cette
qualité, appuyé fur des raifons , qui ont
beaucoup de vray-femblance ; & il luy
met devant les yeux fes grandes defec-
tuofités, comme d'eftre une matiere craf-
fe , impure, & venimeufe ; & que lui
au contraire eft une fubftance pure, &
fans defauts ; de maniere qu'il me femble, que cette haute pretention de la
pierre , combatuë par des raifons , qui
ne paroiffent pas eftre fans fondement,
meritoit bien d'eftre foutenuë , & prou-
vée par de fortes raifons.

EUDOXE.

Ce que j'ay dit cy devant eft plus que
fuffifant , pour eftablir la prééminence
de la pierre, au deffus de l'or, & de toutes les chofes creées : fi vous y prenez
garde, vous reconnoîtrés que la force de
la verité eft fi puiffante, que l'or en voulant décrier la pierre , par les deffauts
qu'elle a en fa naiffance , eftablit fans y
penfer fa fuperiorité, par la plus folide
des raifons, que la pierre puiffe alleguer
elle-même en fa faveur. La voicy.

L'or avoüe, & reconnoit que la pierre fonde fon droit de prééminence , fur

ce *qu'elle est une chose universelle.* En faut-il
davantage, pour la condamnation de l'or,
& pour l'obliger de ceder à la pierre?vous
n'ignorés pas de combien la matiere universelle est au dessus de la matiere particuliere. Vous venés de voir, que la pierre
est la plus pure portion des Elemens metalliques, & que par consequent elle est
la matiere premiere du genre mineral &
metallique, & que lors que cette même
matiere a été animée, & fécondée par
l'union naturelle, qui s'en fait avec la
matiere purement universelle, elle devient la pierre vegetable, seule capable
de produire tous les grands effets, que
les Philosophes attribuent aux trois medecines des trois genres. Il n'est pas besoin de plus fortes raisons, pour debouter
une fois pour toutes, l'or & le Mercure
vulgaires, de leurs pretentions imaginaires ; l'or & le Mercure ; & toutes les
autres substances particulieres, dans les-
quelles la nature finit ses operations,
soit qu'elles soient parfaites, soit qu'elles
soient absolument imparfaites, sont entierement inutiles, ou contraires à nôtre
art.

PIROPHILE.

J'en suis tout convaincu ; mais je con-

nois plufieurs perfonnes , qui traittent la
pierre de ridicule , de vouloir difputer
d'ancienneté avec l'or. Cet Autheur-cy
foutient ce même paradoxe , & reprend
l'or fur ce qu'il perd le refpect à la pierre,
en donnant un dementi *à celle qui eft plus.
âgée que lui.* Cependant comme la pierre
tire fon origine des metaux, il me paroît
difficile de comprendre le fondement de
fon ancienneté.

EUDOXE.

Il n'eft pas bien mal-aifé de vous fatisfaire là deffus: Je m'eftonne même que
vous ayés formé ce doute ; la pierre eft
la premiere matiere des metaux, & par
confequent elle eft devant l'or , & devant tous les metaux ; & fi elle en tire
fon origine, ou fi elle naift de leur deftruction, ce n'eft pas à dire, qu'elle foit
une production pofterieure aux metaux;
mais au contraire elle leur eft anterieu-
re , puis qu'elle eft la matiere dont tous
les metaux ont efté formés. Le fecret
de l'art confifte à fçavoir extraire des
metaux cette premiere matiere , ou ce
germe metallique, qui doit vegeter par
la fecondité de l'eau de la mer Philofophique.

H ij

Me voilà convaincu de cette verité,
& je trouve que l'or n'eſt pas excuſable,
de manquer de reſpect pour ſon ainée,
qui a dans ſon parti les plus anciens, &
les plus grands Philoſophes. Hermes,
Platon, Ariſtote ſont dans ſes intereſts,
Perſonne n'ignore qu'ils ne ſoient ſur
cette diſpute, des Juges irrecuſables. Permettés moi ſeulement de vous faire une
queſtion ſur chacun des paſſages de ces
Philoſophes, que la pierre a cités ici, pour
prouver par leur authorité, qu'elle eſt la
ſeule, & veritable matiere des ſages.

Le paſſage de la Table-d'émeraude du
grand Hermes, prouve l'excellence de
la pierre, en ce qu'il fait voir que la
pierre eſt doüée de deux natures, ſçavoir de celle des Eſtres ſuperieurs, &
de celle des eſtres inferieurs ; & que ces
deux natures, toutes ſemblables, ont
une ſeule & meſme origine ; de ſorte
que nous devons conclure, qu'eſtant
parfaitement unies en la pierre, elles
compoſent un tiers eſtre d'une vertu ine-
fable : mais je ne ſçay ſi vous ſerez de
mon ſentiment, touchant la traduction de ce paſſage & le commentaire
d'Hortulanus, On lit aprés ces mots : Ce

qui *eſt en bas eſt comme ce qui eſt en haut ;
& ce qui eſt en haut eſt comme ce qui eſt en
bas.* On lit (dis-je) *pour faire les miracles
d'une ſeule choſe.* Pour moy je trouve que
l'original Latin a tout un autre ſens:
car le *quibus,*qui fait la liaiſon des dernieres paroles avec les precedentes , veut
dire que *par ces choſes*(c'eſt-à-dire par l'u-
nion de ces deux natures) *on fait les miracles d'une ſeule choſe.* Le *pour* dont le tra-
duteur, & le commentateur ſe ſont ſer-
vis, detruit le ſens , & la raiſon d'un
paſſage , qui eſt de lui même fort juſte,&
fort intelligible. Dites-moy , s'il vous
plait , ſi ma remarque eſt bien fondée.

EUDOXE.

Non ſeulement voſtre remarque eſt
fort juſte ; mais encore elle eſt tres-importante. Je vous avoûë que je n'y avois
jamais fait reflexion ; vous faites en cecy mentir le proverbe , veu que le diſci-
ple s'eſleve au deſſus du maiſtre. Mais
comme j'avois leu la table-d'émeraude
plus ſouvent en Latin , qu'en François ;
le defaut de la traduction & du commentaire ne m'avoit point cauſé d'obſcu-
rité , comme elle peut faire à ceux , qui
ne liſent qu'en François ce ſommaire de
la ſublime Philoſophie d'Hermes. En

effet la nature fuperieure , & la nature
inferieure ne font pas femblables , pour
operer des miracles ; mais c'eft parce
qu'elles font femblables, qu'on peut par
elles faire les miracles d'une feule chofe.
Vous voyés donc que je fuis tout-à-fait
de vôtre fentiment.

PYROPHILE.

Je me fçai bon gré de ma remarque:
je doutois qu'elle puft meriter voftre
approbation ; & je m'affeure aprés cela,
que les enfans de la fcience me fçauront
auffi quelque gré, d'avoir tiré de vous fur
ce fujet un éclairciffement , qui fatisfera
fans doute les difciples du grád Hermes.
On ne doute pas que le fçavant Ariftote
n'ait parfaitement connu le grand art.
Ce qu'il en a écrit , en eft une preuve
certaine : auffi dans cette difpute la pierre fçait fe prevaloir de l'authorité de ce
grand Philofophe , par un paffage qui
contient fes plus fingulieres , & plus fur-
prenantes qualités. Ayés, s'il vous plait,
la bonté de me dire comment vous en-
tendés celles-cy : *Elle s'époufe elle même;*
26 elle s'engroffe elle même ; elle naift d'elle
même.

EUDOXE.

La pierre s'époufe elle même ; en ce que

dans ſa premiere generation, c'eſt la nature ſeule aidée par l'art qui fait la parfaite union des deux ſubſtances, qui luy donnent l'eſtre, de laquelle reſulte en même tems la depuration eſſentielle du ſouffre & du Mercure metalliques. Union & épouſailles ſi naturelles, que l'artiſte, qui y prête la main, en y apportant les diſpoſitions requiſes, ne ſçauroit en faire une demonſtration par les regles de l'art; puis qu'il ne ſçauroit même bien comprendre le miſtere de cette union.

La Pierre s'engroſſe elle-même ; lors que l'art continuant d'aider la nature par des moyens tout naturels , met la pierre dans la diſpoſition , qui luy convient, pour s'impregner elle-même de la ſemence aſtrale, qui la rend feconde, & multiplicative de ſon eſpece.

La Pierre naiſt d'elle-même : parce qu'aprés s'être épouſée , & engroſſée elle-même, l'art ne faiſant autre choſe que d'aider la nature , par la continuation d'une chaleur neceſſaire à la generation, elle prend une nouvelle naiſſance d'elle-même , tout de même que le Phenix renaiſt de ſes cendres; elle devient le fils du ſoleil, la medecine univerſelle de tout ce qui a vie , & le veritable or vivant

des Philosophes, qui par la continuation
du secours de l'art, & du ministere de
l'Artiste, acquiert en peu de tems le Dia-
deme Royal, & la puissance souveraine
sur tous ses freres.

Pyrophile.

Je conçois fort bien, que sur ces mêmes principes, il n'est pas difficile de comprendre toutes les autres qualités, qu'A-
ristote attribuë à la pierre, comme *de se*
tüer elle même ; de reprendre vie d'elle même ;
de se resoudre d'elle même dans son propre sang,
de se coaguler de nouveau avec lui, & d'acquerir enfin toutes les proprietés de la
Pierre Philosophale. Je ne trouve même
plus de difficultés aprés cela, dans le passage de Platon. Je vous prie toutesfois
de vouloir bien me dire ce que cet an-
cien entend, avec tous ceux qui l'ont suivi, sçavoir, *que la pierre a un corps, une ame,*
27 *& un esprit ; & que toutes choses sont d'elle ,*
par elle, & en elle.

Eudoxe.

Platon auroit deu dans l'ordre naturel,
passer devant Aristote, qui estoit son dis-
ciple, & duquel il est vray-semblable,
qu'il avoit appris la Philosophie secrete,
dont il vouloit bien qu'Alexandre le
Grand le crût parfaitement instruit ; si

on

on en juge par quelques endroits des
écrits de ce Philosophe, mais cet ordre est
peu important, & si vous examinez bien
le passage de Platon, & celui d'Aristote,
vous ne les trouverés pas beaucoup differens dans le sens : pour satisfaire neanmoins à la demande que vous me faites,
je vous diray seulement que la pierre a
un corps, puis qu'elle est, ainsi que je
vous l'ai dit cy-devant, une substance)
toute metallique, qui luy donne le poids;)
qu'elle a une ame, qui est la plus pure)
substance des Elemens, dans laquelle)
consiste sa fixité, & sa permanance; qu'el-)
le a un esprit, qui fait l'union de l'ame)
avec le corps ; il luy vient particuliere-)
ment de l'influence des astres, & il est le)
vehicule des teintures. Vous n'aurez pas
non plus beaucoup de peine à concevoir,
que *toutes choses sont d'elle, par elle, & en
elle*; puisque vous avez déja veu, que la
pierre n'est pas seulement la premiere
matiere de tous les êtres contenus sous
le genre mineral, & metallique ; mais
encore qu'elle est unie à la matiere universelle, dont toutes choses ont pris naissance ; & c'est là le fondement des derniers attributs, que Platon donne à la
Pierre.

I

Comme je vois que la pierre ne s'attribuë pas feulement les proprietés univer-
28 felles, mais qu'elle pretend aufli, *que le
fuccez que quelques Artiftes ont eu dans certains procedés particuliers, foit uniquement
venu d'elle ;* Je vous avouë que j'ay quelque peine à comprendre, comment cela
s'eft pû faire?

EUDOXE.

Ce Philofophe l'explique toutes-fois
affés clairement. Il dit que quelquesArti-
ftes qui ont connu imparfaitement la
Pierre, & qui n'ont fceu qu'une partie
de l'œuvre, ayant cependant travaillé
avec la pierre, & trouvé le moyen d'en
feparer fon efprit, qui contient fa teinture, font venus à bout d'en communi-
quer quelques parties à des metaux imparfaits, qui ont affinité avec la pierre
mais que pour n'avoir pas eu une connoiffance entiere de fes vertus, ny de la
maniere de travailler avec elle, leur travail ne leur a pas apporté une grande u-
tilité ; outre que le nombre de ces Artiftes eft affeurement tres-petit.

PYROPHILE.

Il eft naturel de conclure par ce que
vous venez de me dire,qu'il y a des per-

fonnes qui ont la pierre entre les mains,
fans connoiftre toutes fes vertus, ou bien,
s'ils les connoiffent, ils ne fçavent pas
comment on doit travailler avec elle,
pour réuffir dans le grand œuvre, & que
cette ignorance eft caufe que leur travail
n'a aucun fuccez. Je vous prie de me dire fi cela eft ainfi.

EUDOXE.

Sans doute plufieurs Artiftes ont la
pierre en leur poffeffion ; les uns la méprifent, comme une chofe vile ; les autres l'admirent, à caufe des caracteres
en quelque façon furnaturels, qu'elle
apporte en naiffant, fans connoiftre cependant tout ce qu'elle vaut. Il y en a enfin qui n'ignorent pas, qu'elle eft le veritable fujet de la Philofophie ; mais les
operatiõs que les enfans de l'art doivent
faire fur ce noble fujet, leur font entierement inconnuës, par ce que les livres
ne les enfeignent pas, & que tous les
Philofophes cachèt cet art admirable qui
convertit la pierre en Mercure des Philofophes, & qui aprend de faire de ce
Mercure la Pierre Philofophale. Cette
premiere pratique eft l'œuvre fecret, touchant lequel les Sages ne s'énoncent que
par des Allegories, & par des enigmes

impénetrables, ou bien ils n'en parlent
point du tout. C'est là, comme j'ay dit,
la grande pierre d'achopement, contre
laquelle presque tous les Artistes trebu-
chent.

PYROPHILE.

Heureux ceux qui possedent ces grandes connoissances! Pour moy, je ne puis
me fletter d'estre arrivé à ce point : je
ne suis qu'en peine de sçavoir, comment
Je pourray assés vous remercier, de m'a-
voir donné tous les éclaircissemens, que
je pouvois raisonnablement souhaiter de
vous, sur les endroits les plus essentiels
de cette Philosophie, ainsi que sur tous
les autres, touchant lesquels vous avez
bien voulu répondre à mes questions ; je
vous prie instamment, de ne pas vous
lasser, j'en ay encore quelques-unes à vous
faire qui me paroissent d'une tres-grande
consequence. Ce Philosophe asseure, que
l'erreur de ceux qui ont travaillé avec la
pierre, & qui n'y ont pas réüssi, est ve-
29 nuë *de ce qu'ils n'ont pas connu l'origine d'où*
viennent les teintures. Si la source de cette
fontaine Philosophique est si secrete, &
si difficile à découvrir ; il est constant
qu'il y a bien de gens trompés : car ils
croyent tous generalement que les me-

taux, & les mineraux, & particulierement l'or, contiennent dans leur centre
cette teinture capable de tranfmuer les
metaux imparfaits.

EUDOXE.

Cette fource d'eau vivifiante *eft devant
les yeux de tout le monde*, dit le Cofmopolite, *& peu de gens la connoiffent*. L'or,
l'argent, les metaux, & les mineraux
ne contiennent point une teinture multiplicative jufques à l'infini ; il n'y a que
les metaux vivants des Philofophes, qui
ayent obtenu de l'art, & de la nature,
cette faculté multiplicative : mais auffi
il n'y a que ceux qui font parfaitement
éclairés dans les mifteres Philofophiques,
qui connoiffent la veritable origine des
teintures. Vous n'eftes pas du nombre
de ceux qui ignorent, où les Philofophes puifent leurs trefors, fans crainte
d'en tarir la fource. Je vous ay dit clairement, & fans ambiguité, que le Ciel,
& les aftres, mais particulierement le
foleil & la lune font le principe de cette
fontaine d'eau vive, feule propre à operer
toutes les merveilles que vous fçavés.
C'eft ce qui fait dire au Cofmopolite
dans fon énigme, que dans l'Ifle deli-
cieufe, dont il fait la defcription, il n'y

I iij

avoit point d'eau ; que toute celle qu'on s'efforçoit d'y faire venir, par machines, & par artifices, *eſtoit ou inutile, ou empoi-ſonnée, excepté celle, que peu de perſonnes ſça-voient extraire des rayons du ſoleil, ou de la lune.* Le moyen de faire deſcendre cette eau du Ciel, eſt certes merveilleux ; il eſt dans la pierre, qui contient l'eau cen-trale, laquelle eſt veritablement une ſeule & même choſe avec l'eau celeſte, mais le ſecret conſiſte à ſçavoir convertir la pierre en un Aiman, qui attire, embraſſe, & unit à ſoy cette quinteſſence aſtrale, pour ne faire enſemble qu'une ſeule eſ-ſence, parfaite & pluſque-parfaite, capa-ble de donner la perfection aux impar-faits, aprés l'accompliſſement du Magi-ſtere.

PYROPHILE.

Que je vous ay d'obligations, de vou-loir bien me reveler de ſi grands miſteres à la connoiſſance deſquels je ne pouvois jamais eſperer de parvenir, ſans le ſecours de vos lumieres! mais puiſque vous trou-vés bon que je continuë, permettés moy, s'il vous plait, de vous dire, que je n'a-vois point veu juſques icy un Philoſophe qui euſt auſſi preciſemēt declaré que fait celui-cy, qu'il falloit donner une femme à

la pierre, la faisant parler de cette sorte.
Si ces Artistes avoient porté leur recherche plus
loin,& qu'ils eussent examiné quelle est la fem-
me qui m'est propre ; qu'ils l'eussent cherchée
& qu'ils m'eussent uni à elle ; c'est alors que
j'aurois pû teindre mille-fois davantage. Bien
que je m'apperçoive en general que ce
passage a une entiere relation avec le
precedent, je vous avoüe neanmoins que
cette expression , d'une femme convenable à la pierre, ne laisse pas de m'embar-
rasser.

EUDOXE.

C'est beaucoup cependant, que vous
connoissiez déja de vous-même , que ce
passage a de la connexité avec celui que
je viens de vous expliquer ; c'est à dire
que vous jugez bien que la femme qui
est propre à la pierre, & qui doit lui être
unie, est cette fontaine d'eau vive, dont
la source toute celeste, qui a particulierement son centre dans le soleil , & dans
la lune , produit ce clair, & precieux
ruisseau des Sages, qui coule dans la
mer des Philosophes, laquelle environne tout le monde ; ce n'est pas sans fondement, que cette divine fontaine est
appellée par cet Autheur la femme de la
pierre ; quelques-uns l'ont representée

I iiij

sous la forme d'une Nymphe celeste ;
quelques autres lui donnent le nom de
la chaste Diane, dont la pureté, & la
virginité n'est point soüillée par le lien
spirituel qui l'unit à la pierre ; en un
mot, cette conjonction magnetique est le
mariage magique du Ciel avec la terre,
dont quelques Philosophes ont parlé : de
sorte que la source feconde de la teinture Phisique, qui opere de si grandes
merveilles, prend naissance de cette union
conjugale toute misterieuse.

PYROPHILE.

Je ressens avec une satisfaction indici-
ble tout l'effet des lumieres, dont vous
me faites part ; & puisque nous sommes
sur ce point, permettés-moy, je vous prie,
de vous faire une question, qui pour estre
hors du texte de cet Autheur, ne laisse
pas d'estre essentielle à ce sujet. Je vous
supplie de me dire, si le mariage magique du Ciel avec la terre, se peut faire
en tout temps ; où s'il y a des saisons
dans l'année, qui soient plus convena-
bles les unes que les autres, à celebrer
ces Nopces Philosophiques.

EUDOXE.

J'en suis venu trop avant, pour vous
refuser un éclaircissement si necessaire,

& si raisonnable. Plusieurs Philosophes
ont marqué la saison de l'année, qui est
la plus propre à cette operation. Les uns
n'en ont point fait de mistere ; les autres
plus reservez ne se sont expliqués sur ce
point, que par des paraboles. Les premiers ont nommé le mois de Mars, & le
printemps. Zachaire & quelques autres
Philosophes disent, qu'ils commencerent
l'œuvre à Pâques, & qu'ils la finirent
heureusement dans le cours de l'année.
Les autres se contentent de representer
le jardin des Hesperides émaillé de fleurs,
& particulierement de violettes & de
hyacinthes, qui sont les premieres productions du Printemps. Le Cosmopolite
plus ingenieux que les autres, pour indiquer que la saison la plus propre au
travail Philosophique, est celle dans laquelle tous les êtres vivans, sensitifs, &
vegetables paroissent animés d'un feu
nouveau, qui les porte reciproquement
à l'amour, & à la multiplication de leur
espece ; dit que *Venus est la Déesse de cette
Isle charmante*, dans laquelle il vit à découvert tous les misteres de la nature :
mais pour marquer plus precisément cette saison, il dit qu'on voyoit paistre dans
la prairie *des beliers, & des taureaux, avec*

L v

deux jeunes bergers, exprimant clairement dans cette spirituelle allegorie, les trois mois du Printems, par les trois signes celestes qui leur répondent, *Aries, Taurus, & Gemini.*

PYROPHILE.

Je suis ravi de ces interpretations. Ceux qui sont plus éclairés, que je ne suis dans ces misteres, ne feront peut-être pas autant de cas que je fais, du denoüement de ces enigmes, dont le sens toutesfois a esté, jusques à present, impénétrable à plusieurs de ceux, qui croyent d'ailleurs entendre fort bien les Philosophes. Je suis persuadé qu'on doit compter pour beaucoup, un pareil éclaircissement, capable de faire voir clair dans d'autres obscurités plus importantes; en effet peu de personnes s'imaginoient, que les violettes, & les hyacintes d'Espagnet & les bestes à cornes du jardin des Hesperides ; le ventre & la maison du belier du Cosmopolite, & de Philalethe; l'Isle de la Deesse Venus, les deux pasteurs, & le reste que vous venés de m'expliquer, signifiassent la saison du Printemps. Je ne suis pas le seul, qui dois vous rendre mille graces, d'avoir bien voulu developer ces misteres; je suis asseuré qu'il

se trouvera dans la suite des temps, un
grand nombre d'enfans de la science, qui
beniront voître memoire, pour leur a-
voir ouvert les yeux sur un point, qui
eſt plus eſſentiel à ce grand art, qu'ils
ne ſe le ſeroient imaginés.

EUDOXE.

Vous avés raiſon en ce qu'on ne peut
s'aſſeurer d'entendre les Philoſophes, à
moins qu'on n'ait une entiere intelligence des moindres choſes qu'ils ont
eſcrites. La connoiſſance de la ſaiſon
propre à travailler au commencement de
l'œuvre, n'eſt pas de petite conſequence;
en voicy la raiſon fondamentale. Comme le ſage entreprend de faire par noſtre art une choſe, qui eſt au deſſus des
forces ordinaires de la nature, comme
d'amolir une pierre, & de faire vegeter
un germe metaillique; il ſe trouve indiſ-
penſablement obligé d'entrer par une
profonde meditation dans le plus ſecret
interieur de la nature, & de ſe prevaloir
des moyens ſimples, mais efficaces qu'elle luy en fournit; or vous ne devés pas
ignorer, que la nature dez le commencement du Printemps, pour ſe renou-
veller, & mettre toutes les ſemences,
qui ſont au ſein de la terre, dans le mou-

vement qui eſt propre à la vegetation,
impregne tout l'air qui environne la terre, d'un eſprit mobile, & fermentatif,
qui tire ſon origine du pere de la nature;
c'eſt proprement un reitre ſubtil, qui fait
la fecondité de la terre dont il eſt l'ame,
& que le Coſmopolite appelle *le ſel-petre
des Philoſophes*. C'eſt donc dans cette ſeconde ſaiſon, que le ſage Artiſte, pour faire germer ſa ſemence metallique, la cultive, la rompt, l'humecte, l'aroſe de cette
prolifique roſée, & luy en donne à boire
autant que le poids de la nature le requiert ; de cette ſorte le germe Philoſophique concentrant cet eſprit dans ſon
ſein, en eſt animé & vivifié, & acquiert
les proprietés, qui lui ſont eſſentieles,
pour devenir la pierre vegetable, & multiplicative. J'eſpere que vous ſerés ſatisfait de ce raiſonnement, qui eſt fondé
ſur les loix, & ſur les principes de la
nature.

PYROPHILE.

Il eſt impoſſible qu'on puiſſe l'être
plus que je le ſuis ; vous me donnez des
lumieres que les Philoſophes ont caché
ſous un voile impenetrable, & vous me
dites des choſes importantes, que je
pouſſerois volontiers mes queſtions plus

loin, pour profiter de la bonté que vous
avés de ne me rien déguiser ; mais pour
ne pas en abuser, je reviens à l'endroit
de mon Autheur, où la pierre soûtient
à l'or, & au Mercure, qu'il est impossible, qu'il se fasse une veritable union entre leurs deux substances ; parce, (leur
dit-elle) *que vous n'estes pas un seul corps ;*
mais deux corps ensemble, & par consequent
vous estes contraires, à considerer les loix de
la nature. Je sçay bien que la penétration
des substances, n'estant pas possible selon les loix de la nature, leur parfaite
union ne l'est pas non plus, & qu'en
ce sens là, deux corps sont contraires
l'un à l'autre : cependant comme presque
tous les Philosophes asseurent que le
Mercure est la premiere matiere des metaux, & que selon Geber il n'est pas un
corps, mais un esprit qui penetre les
corps, & particulierement celuy de l'or,
pour lequel il a une sympatie visible ;
n'est-il pas vray-semblable, que ces deux
substances, ce corps & cet esprit peuvent s'unir parfaitement, pour ne faire
qu'une seule & même chose d'une même
nature ?

EUDOXE.

Remarqués qu'il y a deux erreurs

dans voſtre raiſonnement; la premiere, en
ce que vous croyés que le Mercure commun eſt la premiere, & ſimple matiere,
dont les metaux ſont formés dans les mines; cela n'eſt pas ainſi. Le Mercure,
eſt un metail, qui pour avoir moins de
ſouffre, & moins d'impuretez terreſtres
que les autres metaux, demeure liquide, & coulant, s'unit avec les metaux,
mais particulierement avec l'or, comme
eſtant le plus pur de tous ; & s'unit
moins facilement avec les autres metaux
à proportion qu'ils ſont plus ou moins
impurs dans leur compoſition naturelle.
Vous devés donc ſçavoir, qu'il y a une
premiere matiere des mataux, dont le
Mercure meſme eſt formé, c'eſt une eau
viſqueuſe, & Mercuriele, qui eſt l'eau de
noſtre pierre. Voilà quel eſt le ſentiment
des veritables Philoſophes.

Je ſerois trop long, ſi je voulois vous
deduire icy tout ce qu'il y a à dire ſur ce
ſujet. Je viens à la ſeconde erreur de voſtre raiſonnement, laquelle conſiſte en ce
que vous vous imaginez, que le Mercure commun eſt un eſprit metallique,
qui ſelon Geber peut penétrer interieurement, & teindre les metaux, s'unir
& demeurer avec eux, aprés qu'il aura

esté artificieusement fixé. Mais vous devés considerer que le Mercure n'est ap-
pellé esprit par Geber, que parce qu'il
s'envole du feu, à cause de la mobilité
de sa substance homogéne : toutesfois
cette proprieté ne l'empeche pas d'estre
un corps metallique, lequel pour cette
raison ne peut jamais s'unir si parfaitement avec un autre metail, qu'il ne s'en
separe tousjours, lors qu'il se sent pressé
par l'action du feu. L'experience montre l'evidence de ce raisonnement & par
consequent la pierre a raison de soutenir
à l'or, qu'il ne se peut jamais faire une
parfaite union de luy avec le Mercure.

PYROPHILE.

Je comprends fort bien, que mon raisonnement estoit erroné, & pour vous
dire le vray, je n'ay jamais pû m'imaginer, que le Mercure commun fust la
premiere matiere des metaux, bien que
plusieurs graves Philosophes posent cette verité, pour un des fondemens de
l'art. Et je suis persuadé, qu'on ne peut
trouver dans les mines, la vraye premiere matiere des metaux, separée des corps
metalliques, elle n'est qu'une vapeur,
une eau visqueuse, un esprit invisible,
& je crois en un mot que la semence ne

se trouve que dans le fruit. Je ne sçay si je parle juste ; mais je crois que c'est là le vray sens des éclaircissemens, que vous avez bien voulu me donner.

EUDOXE.

On ne peut avoir mieux compris, que vous avez fait ces verités connuës de peu de personnes. Il y a de la satisfaction à parler ouvertement avec vous, des misteres Philosophiques. Voyés quelles sont les demandes que vous avez encore à me faire.

PYROPHILE.

Je ne sçay si la pierre ne se contredit point elle-même, lors qu'elle se glorifie, *d'avoir un corps imparfait avec une ame constante, & une teinture penetrante ?* ces deux grandes perfections me paroissent incompatibles dans un corps imparfait.

EUDOXE.

On diroit icy, que vous avés déja oublié une verité fondamentale, dont vous avés esté pleinement convaincu cy-devant; souvenez-vous donc que si le corps de la pierre n'estoit imparfait, d'une imperfection toutefois en laquelle la nature n'a pas fini son operation, on ne pourroit y chercher, & encore moins y trouver la perfection. Cela posé, il vous sera bien

facile

facile de juger, que la conſtance de l'ame,
& la perfection de la teinture ne ſont
pas actuellement, ni en état de ſe ma-
nifeſter dans la pierre, tant qu'elle demeure dans ſon eſtre imparfait ; mais lors
que par la continuation de l'œuvre, la
ſubſtance de la pierre a paſſé de l'imperfection à la perfection, & de la perfection
à la plus-que-perfection, la conſtance de
ſon ame & l'efficace de la teinture de
ſon eſprit, ſe trouvent reduites de la
puiſſance à l'acte ; de ſorte que l'ame,
l'eſprit, & le corps de la pierre également
exaltez, compoſent un tout d'une nature,
& d'une vertu incomprehenſible.

PYROPHILE.

Puiſque mes demandes vous donnent
lieu de dire des choſes ſi ſingulieres, ne
trouvés pas mauvais, je vous prie, que
je continuë. Je me ſuis toûjours perſuadé que la pierre des Philoſophes eſt une
ſubſtance réelle, qui tombe ſous les
ſens, cependant je vois que cet Autheur
aſſeure le contraire, diſant, *noſtre pierre eſt* 33
inviſible. Je vous aſſeure que quelque
bonne opinion que j'aye de ce Philoſophe, il me permettra de n'eſtre pas de
ſon ſentiment ſur ce point.

K

J'espere toutesfois que vous en serés
bien-tost. Ce Philosophe n'est pas le seul
qui tient ce langage : la pluspart parlent
de la mesme maniere qu'il fait ; & à vous
dire le vray, nostre pierre est proprement invisible, aussi bien à l'égard de sa
matiere, comme à l'égard de sa forme.
A l'égard de sa matiere ; parce qu'encore que nostre pierre, ou bien nostre Mercure, (il n'y a point de difference) existe
reéllement, il est vray neanmoins qu'elle ne paroist pas à nos yeux, à moins que
l'artiste ne preste la main à la nature,
pour l'aider à mettre au mode cette production Philosophique ; c'est ce qui fait
dire au Cosmopolite, que le sujet de nostre Philosophie a une existence reélle;
mais qu'il ne se fait point voir, si ce n'est,
lors qu'il plaist à l'artiste de le faire paroistre.

La pierre n'est pas moins invisible à
l'egard de sa forme ; j'appelle icy sa forme, le principe de ses admirables facultés, d'autant que ce principe, cette energie de la pierre, & cet esprit dans lequel
reside l'efficace de sa teinture, est une
pure essence astrale impalpable, laquelle ne se manifeste que par les effets sur-
prenáts qu'elle produit. Les Pholosophes

parlent souvent de leur pierre confiderée en ce fens-là. Hermes l'entend ainfi, lors qu'il dit que *le vent la porte dans fon ventre;* & le Cofmopolite ne s'efloigne point de ce Pere de la Philofophie, lors qu'il affeure que *noftre fujet eft devant les yeux de tout le monde; que perfonne ne peut vivre fans lui ; & que toutes les Creatures s'en fervent ; mais que peu de perfonnes l'aperçoivent.* He bien, n'eftes vous pas du fentiment de voftre Autheur , & n'avoués vous pas que de quelque maniere que vous confideriez la pierre, il eft vray de dire qu'elle eft invifible ?

PYROPHILE.

Il faudroit que je n'euffe ny efprit, ny raifon, pour ne pas tomber d'accord d'une verité, que vous me faites toucher au doigt, en me developant en mefme temps le fens le plus caché, & le plus mifterieux des écritures Philofophiques. Je me trouve fi éclaire par tour ce que vous me dites, qu'il me femble que les Autheurs les plus abftraits n'auront plus d'obfcurité pour moy ; je vous feray cependant fort obligé, fi vous voulés bien me dire voftre fentiment touchant la propofition que cet Autheur avance , *qu'il n'eft pas poffible*

K ij

querir la possession du Mercure Philosophique
34 autrement, que par le moyen de deux corps,
dont l'un ne peut recevoir la perfection sans
l'autre. Ce passage me paroist si positif,
& si precis, que je ne doute pas, qu'il
soit fondamental dans la pratique de
l'œuvre.

EUDOXE.

Il n'y en a pas asseurement de plus
fondamental, puisque ce Philosophe
vous marque en cet endroit, comment se
forme la pierre sur laquelle toute nostre
Philosophie est fondée ; en effet nostre
Mercure, ou nostre pierre prend naissance de deux Corps : remarqués cependant que ce n'est pas le mélange de deux
corps qui produit nostre Mercure, ou
nostre pierre : car vous venés de voir que
les corps sont contraires, & qu'il ne s'en
peut faire une parfaite union : mais nôtre pierre naist au contraire de la des-
truction de deux corps, lesquels agissant
l'un sur l'autre comme le mâle & la femelle, ou comme le corps & l'esprit,
d'une maniere autant naturelle, qu'elle
est incomprehensible à l'artiste, qui y
prête le secours nécessaire, cessent entierement d'estre ce qu'ils estoient auparavant, pour mettre au jour une production

d'une nature, & d'une origine merveil-
leufe, & qui a toutes les difpofitions
néceffaires, pour eftre portée par l'arr,
& par la nature, de perfection en perfection, jufques au fouverain degré, qui
eft au-deffus de la nature même.

Remarqués auffi que de ces deux
corps qui fe détruifent, & fe confondent
l'un dans l'autre, pour la production
d'une troifiéme fubftance, & dont l'un
tient lieu de mâle, & l'autre de femelle,
dans cette nouvelle generation, font deux
agens, qui fe dépoüillans de leur plus
groffiere fubftance dans cette action,
changent de nature pour mettre au monde un fils d'une origine plus noble, &
plus illuftre, que le pere & la mere, qui
lui donnent l'eftre ; auffi il apporte en
naiffant des marques vifibles qui font
voir évidemment, que le Ciel a prefidé
à fa naiffance.

Remarqués de plus que noftre pierre
renaift plufieurs diverfes fois, mais que
dans chacune de fes nouvelles naiffances,
elle tire toûjours fon origine de deux
chofes. Vous venés de voir comment elle
commence de naiftre de deux corps :
vous avez veu qu'elle époufe une Nim-
phe Celefte, après qu'elle a efté dépoüil-

lée de sa forme terrestre , pour ne faire
qu'une seule , & mesme chose avec elle,
sçachés aussi qu'aprés que la pierre a paru de nouveau sous une forme terrestre,
elle doit encore estre mariée à une épouse
de son mesme sang;de sorte que ce sont
tousjours deux choses qui en produisent
une seule , d'une seule & mesme espece
& com e c'est une verité constante,que
dans tous les differents estats de la pierre , les deux choses qui s'unissent pour
lui donner nouvelle naissance , viennent d'une seule ,& mesme chose; c'est
aussi sur ce fondement de la nature , que
le Cosmopolite appuye une verité incon-
testable dans nostre Philosophie , sçavoir , que *d'un il s'en fait deux , & de deux*
un , à quoy se terminent toutes les operations
naturelles & Philosophiques , sans pouvoir
aller plus loin.

PYROPHILE.

Vous me rendés si intelligibles , & si
palpables ces sublimes véritez , toutes
abstraites qu'elles sont , que je les conçois presque aussi évidemment, que si
c'estoient des demonstrations Mathema-
tiques. Permettés moy , s'il vous plait,
de vous demâder encore quelques éclaircissemens , afin qu'il ne me reste plus

aucun doute touchant l'interpretation
de cet Autheur. J'ay fort bien compris
que la pierre née de deux subftáces d'u-
ne mefme efpece, eft un tout homogéne, & un tiers-eftre doüé de deux natures, qui le rendent feul fuffifant par luy
mefme à la generation du fils du foleil:
mais j'ay quelque peine à bien comprendre, comment ce Philofophe entend,
que la feule chofe dont fe fait la medecine uni- 35
verfelle eft l'eau, & l'efprit du corps?
EUDOXE.
Vous trouveriez le fens de ce paffage
évident de lui mefme, fi vous vous fou-
veniés, que la premiere & la plus importante operation de la pratique du
premier œuvre, eft de reduire en eau le
corps, qui eft noftre pierre , & que ce
point eft le plus fecret de nos mifteres.
Je vous ai fait voir que cette eau doit être
vivifiée, & fecondée par une femence
aftrale,& par un efprit celeftè, dans lequel refide toute l'efficace de la teinture Phifique: de forte que fi vous y faites reflexion, vous avoüerés qu'il n'y
a point de verité plus evidente dans noftre Philofophie , que celle que voftre
Autheur avance icy, fçavoir que la feule
chofe dont le fage a befoin , pour faire

toutes chofes, n'eft autre que *l'eau & l'efprit du corps.* L'eau eft le corps, & l'ame de nôtre fujet ; la femence aftrale en eft l'efprit ; c'eft pourquoi les Philofophes affeurent que leur matiere a un corps, une ame, & un efprit.

PYROPHILE.

J'avoüe que je m'aveuglois moy-même, & que fi j'y avois bien fait reflexion je n'aurois formé aucun doute fur cet endroit : mais en voici un autre, qui n'eft point cependant un fujet de doute ; mais qui ne laiffe pas pour cela, de me faire fouhaiter que vous veuïllés bien dire voftre fentiment fur ces paroles-cy : fçavoir, que la feule chofe qui eft le fujet de l'art, & qui n'a pas fa pareille dans le monde, *eft vile toutefois, & qu'on peut l'avoir à peu de frais.*

EUDOXE.

Cette chofe fi precieufe par les dons excellens, dont le Ciel l'a pourveüe, eft veritablement vile, à l'égard des fubftances dont elle tire fon origine. Leur prix n'eft point au deffus des facultés des pauvres. Dix fols font plus que fuffifans pour acquerir la matiere de la pierre. Les inftrumens toutefois, & les moyens qui font néceffaires pour pourfuivre les operations

rations de l'art, demandent quelque forte
de dépenfe ; ce qui fait dire à Geber que
l'œuvre n'eft pas pour les pauvres. La matiere
eft donc vile, à confiderer le fondement
de l'art, puis qu'elle coute fort peu ; elle
n'eft pas moins vile, fi on confidére exterieurement ce qui lui donne la perfection, puifque à cet égard, elle ne coute
rien du tout ; d'autant que *tous le monde
l'a en fa puiffance*, dit le Cofmopolite ; de
forte que foit que vous diftinguiés ces
chofes, foit que vous les confondiés
(comme font les Philofophes, pour
tromper les fots, & les ignorans) c'eft
une verité conftante, que la pierre eft
une chofe vile en un fens : mais qu'elle
eft tres-precieufe en un autre, & qu'il n'y
a que les fols qui la méprifent, par un
jufte jugement de Dieu.

PYROPHILE.

Me voilà bien-tôt autant inftruit que
je puis le fouhaiter; faites-moy feulement
la grace de me dire, comment on peut
connoiftre, quelle eft la véritable voye
des Philofophes; puis qu'ils en décrivent
plufieurs differentes, & qui paroiffent
fouvent oppofées. Leurs livres font rem-
plis d'une infinité de diverfes operations;
fçavoir de conjonctions, calcinations,

L

mixtions, feparations, fublimations, dif-
tillations, coagulations, fixations, defic-
cations, dont ils font fur chacune des
chapitres entiers; ce qui met les Artiftes
dans un tel embarras, qu'il leur eft prefque impoffible d'en fortir heureufement.
Ce Philofophe infinuë, ce femble, que
comme il n'y a qu'une chofe dans ce
grand art, il n'y a auffi qu'une voye; &
pour toute raifon, il dit, *que la folution
du corps ne fe fait que dans fon propre fang.*
Je ne trouve rien dans tout cet écrit, où
vos lumieres me foient plus néceffaires,
que fur ce point, qui concerne la pratique
de l'œuvre, fur laquelle tous les Philofophes font profeffion de fe taire: je vous
conjure de ne pas me les refufer.

37

E U D O X E.

Ce n'eft pas fans beaucoup de raifon,
que vous me faites une telle demande:
elle regarde le point effentiel de l'œuvre;
& je fouhaiterois de tout mon cœur pouvoir y répondre auffi diftinctement que
j'ay fait à plufieurs de vos autres queftions. Je vous protefte que je vous ay dit
par tout la verité; je veux en faire encore
de même; mais vous fçavés que les mifteres de noftre facrée fcience ne peuvent
eftre enfeignés, qu'avec des termes mif-

terieux : Je vous dirai neanmoins fans
équivoque , que l'intention generale de
nôtre art , est de purifier exactement,
& de subtiliser une matiere d'elle-même
immonde, & grossiere. Voilà une verité
tres-importante , qui merite que vous y
fassiez reflexion.

Remarqués que pour arriver à cette
fin , plusieurs operations sont requises,
qui ne tendant toutes qu'à un même
but , ne sont dans le fond considérées
par les Philosophes , que comme une
seule & même operation, diversement
continuée. Observés que le feu separe
d'abord les parties heterogénes , & con-
joint les parties homogénes de noftre
pierre : que le feu secret produit ensuite
le même effet ; mais plus efficacement
en introduisant dans la matiere un esprit
igné , qui ouvre interieurement la porte secrete, qui subtilise, & qui sublime
les parties pures, les separant des parties
terrestres & adustibles. La solution qui
se fait ensuite par l'addition de la quintessence astrale , qui anime la pierre , en
fait une troisiéme depuration , & la distillation l'acheve entierement , ainsi pu-
rifiant , & subtilisant la pierre par plusieurs differents degrés , auxquels les

L ij

Philofophes ont accoûtumé de donner
les noms d'autant d'operations differentes & de converfion des élemens ; on l'é-
léve jufques à la perfection, qui eft la
difpofition prochaine, pour la conduire
à la plufque-perfection, par un regime
proportionné à l'intention finale de l'art,
c'eft-à-dire jufques à la parfaite fixation.
Vous voyés donc qu'à proprement parler, il n'y a qu'une voye, comme il n'y
a qu'une intention dans le premier œuvre, & que les Philofophes n'en décrivent plufieurs, que parce qu'ils confiderent les differents degrés de depurations,
comme autant d'operations & de voyes
differentes, dans le deffein (ainfi que le
remarque fort bien voftre Autheur) de
cacher ce grand art.

Pour ce qui eft des paroles, par lefquelles voftre Autheur conclut, fçavoir,
que la folution du corps ne fe fait que
dans fon propre fang ; je dois vous faire
obferver que dans noftre art, il fe fait
en trois temps differents, trois folutions
effentielles, dans lefquelles le corps ne
fe diffout que dans fon propre fang, c'eft
au commencement, au milieu, & à la fin
de l'œuvre ; remarquez bien cecy. Je
vous ay déja fait voir que dans les prin-

cipales operations de l'art, ce font toû-
jous deux chofes, qui en produifent une,
que de ces deux chofes l'une tient lieu
de mâle, & l'autre de femelle ; l'un eft
le corps, l'autre eft l'efprit : vous devés
en faire icy l'application. Sçavoir, que
dans les trois folutions dont je vous parle, le mâle & la femelle, le corps &
l'efprit, ne font autre chofe que le corps
& le fang, & que ces deux chofes font
d'une même nature , & d'une même
efpece; de forte que la folution du corps
dans fon propre fang, c'eft la folution
du mâle par la femelle, & celle du corps
par fon efprit. Voici l'ordre de ces trois
folutions importantes.

En vain vous tenteriés par le feu la
veritable folution du mâle en la premiere operation, elle ne vous reüffiroit jamais, fans la conjonction de la femelle ;
c'eft dans leurs embraffemens recipro-
ques qu'ils fe confondent, & fe changent
l'un l'autre , pour produire un tout-ho-
mogéne, different des deux. En vain vous
auriés ouvert, & fublimé le corps de la
pierre, elle vous feroit entierement inutile, fi vous ne luy faifiez époufer la femme que la nature luy a deftinée ; elle eft
cet efprit, dont le corps a tiré fa premiere

L iij

origine ; auſſi il s'y diſſout, comme fait
la glâce à la chaleur du feu, ainſi que
voſtre Autheur l'a fort bien remarqué.
Enfin vous eſſayeriés en vain de faire la
parfaite ſolution du même corps, ſi vous
ne reïteriés ſur luy l'effuſion de ſon propre ſang, qui eſt ſon menſtruë naturel,
ſa femme, & ſon eſprit tout enſemble,
avec lequel il s'unit intimement, qu'ils
ne font plus qu'une ſeule & même ſubſtance.

PYROPHILE.

Aprés tout ce que vous venés de me
réveler, je n'ay plus rien à vous demander touchant l'interpretation de cet Autheur. Je comprends fort bien tous les
autres avantages, qu'il attribuë à la pierre, au-deſſus de l'or & du Mercure. Je
conçois auſſi comment l'excez du dépit
de ces deux Champions, les porta à join-
dre leurs forces, pour vaincre la pierre
par les armes, n'ayant pû la ſurmonter
par la raiſon : mais comment entendés-
vous que *la pierre les diſſipa, & les engloutit
l'un & l'autre, en ſorte qu'il n'en reſta aucuns
veſtiges ?*

EUDOXE.

Ignorés-vous que le grand Hermes
dit, que la pierre *eſt la force forte de toute*

force? car elle vaincra toute chose subtile, &
penetrera toute chose solide. C'est ce que vôtre Philosophe dit icy en d'autres termes,
pour vous apprendre que la puissance de
la pierre est si grande, que rien n'est capable de luy resister. Elle surmonte en
effet tous les metaux imparfaits, les transmuant en metaux parfaits, de telle maniere, qu'il ne reste aucuns vestiges de
ce qu'ils étoient auparavant.

PYROPHILE.

Je comprends fort bien ces raisons;
mais il me reste nonobstant cela un doute, touchant les metaux parfaits; l'or
par exemple est un metail constant &
parfait, que la pierre ne sçauroit en-
gloutir.

EUDOXE.

Vostre doute est sans fondement: car
tout de même que la pierre, à proprement parler, n'engloutit pas les metaux
imparfaits, mais qu'elle les change telle-
ment de nature, qu'il ne reste rien, qui
fasse connoistre ce qu'ils estoient auparavant; ainsi la pierre ne pouvant englou-
tir l'or ni le transmuer en un metail plus
parfait, elle le transmuë en medecine
mille fois plus parfaite que l'or, puisqu'il
peut alors transmuer mille fois autant

L iiij

de metail imparfait felon le degré de
perfection, que la pierre a receuë du
Magiſtere.

PYROPHILE.

Je reconnois le peu de fondement qu'il
y avoit dans mon doute : mais à vous
dire le vray, il y a tant de ſubtilité dans
les moindres paroles des Philoſophes, que
vous ne devés pas trouver eſtrange, que
je me ſois ſouvent arrêté ſur des choſes,
qui devoient me paroiſtre aſſés intelligibles d'elles-mêmes. Je n'ay plus que deux
demandes à vous faire, au ſujet des deux
conſeils que mon Autheur donne aux enfans de la ſcience, touchant la maniere de
proceder, & la fin qu'ils doivent ſe pro-
poſer dans la recherche de la medecine
univerſelle. Il leur conſeille en premier
lieu, d'éguiſer la pointe de leur eſprit ; de
lire les écrits des Sages avec prudence ;
de travailler avec exactitude ; d'agir ſans
précipitation dans un œuvre ſi precieux :
39 parce, dit-il, *qu'il a ſon temps ordonné par la*
nature ; de même que les fruits qui ſont ſur les
arbres, & les grapes de raiſins que la vigne
porte. Je conçois fort bien l'utilité de ces
conſeils ; mais je vous prie de vouloir
m'expliquer, comment ſe doit entendre
cette limitation du temps.

EUDOXE.

Voftre Autheur vous l'explique fuffi-
famment par la comparaifon des fruits,
que la nature produit dans le temps ordonné ; cette comparaifon eft jufte : la
pierre eft un champ que le Sage cultive,
dans lequel l'art, & la nature ont mis
la femence, qui doit produire fon fruit.
Et comme les quatre faifons de l'année
font neceffaires à la parfaite production
des fruits, la pierre de même a fes faifons determinées. Son hyver, pendant
lequel le froid, & l'humide dominent
dans cette terre preparée, & enfemen-
cée ; fon printems, auquel la femence
Philofophique eftant échaufée, donne des
marques de vegetation, & d'acroiffe-
ment ; fon efté pendant lequel fon fruit
meurit, & devient propre à la multiplication ; fon automne, auquel ce fruit parfaitement meur confole le Sage, qui a le
bonheur de le cueüillir.

Pour ne vous rien laiffer à defirer fur
ce fujet, je dois vous faire remarquer
icy trois chofes. La premiere, que le Sage
doit imiter la nature dans la pratique de
l'œuvre ; & comme cette fçavante ou-
vriere ne peut rien produire de parfait,
fi on en violente le mouvement, de mê-

me l'artifte doit laiffer agir interieurement les principes de fa matiere, en luy
adminiftrant exterieurement une chaleur
proportionnée à fon exigence. La feconde que la connoiffance dés quatre faifons
de l'œuvre doit eftre la regle, que le
Sage doit fuivre dans les differents regimes du feu, en le proportionnant à chacune, felon que la nature le demontre,
laquelle a befoin de moins de chaleur
pour faire fleurir les arbres, & former
les fruits, que pour les faire parfaitement
meurir. La troifiéme, que bien que l'œuvre ait fes quatres faifons, ainfi que la nature, il ne s'enfuit pas, que les faifons
de l'art & de la nature doivent precifé-
ment repondre, les unes aux autres,
l'efté de l'œuvre pouvant arriver fans
inconvenient dans l'automne de la nature, & fon automne dans l'hyver. C'eft
affés que le regime du feu foit proportionné à la faifon de l'œuvre; c'eft en
cela feul, que confifte le grand fecret du
Regime, pour lequel je ne puis vous
donner de regle plus certaine.

PYROPHILE.

Par ce raifonnement, & par cette fimi-
litude, vous me faites voir clair fur un
point, dont les Philofophes ont fait un

de leurs plus grands misteres; car l'intelligence des regimes ne se peut tirer de
leurs escrits ; mais je vois avec une extreme satisfaction, qu'en imitant la nature , & commençant l'ordre des saisons de
l'œuvre par l'hyver, il ne doit pas estre
difficile au sage , de juger comment par
les divers degrés de chaleur , qui repon-
dent à ces saisons, il peut aider la nature , & conduire à une parfaite maturité
les fruits de cette plante Philosophique.

Mon Autheur conseille en second lieu
aux Enfans de la science d'avoir la droiture dans le cœur , & de se proposer
dans ce travail une fin honnête, leur de-
clarant positivement , que s'ils ne sont
dans ces bonnes dispositions, ils ne doivent pas attendre sur leur œuvre la benediction du Ciel , de laquelle tout le
bon succez depend. Il asseure que *Dieu*
ne communique un si grand don , qu'à ceux
qui en veulent faire un bon usage , & qu'il en
prive ceux qui ont dessein de s'en servir, pour
commettre le mal. Il semble que ce ne soit
là qu'une maniere de parler qui est ordinaire aux Philosophes ; je vous prie de
me dire quelles reflexions on doit faire
sur ce dernier point.

EUDOXE.

Vous estes assés éclairé dans nôtre Philosophie, pour comprendre, que la possession de la medecine universelle, & du grand Elixir, est de tous les biens de ce monde le plus réel, le plus estimable, & le plus grand, dont l'homme puisse joüir. En effet les richesses immenses, les dignités souveraines, & toutes les grandeurs de la terre, ne sont point à comparer à ce precieux trefor, qui est le seul des biens temporels capable de remplir le cœur de l'homme. Il donne à celuy qui le possede une vie longue, exempte de toutes sortes d'infirmités, & met en sa puissance plus d'or & d'argent, que n'en ent tous les plus puissans Monarques ensemble. Ce trefor a de plus cet avantage particulier, au dessus de tous les autres biens de la vie, que celui qui en joüit, se trouve parfaitement satisfait, même de sa seule contemplation, & qu'il ne peut jamais être troublé de la crainte de le perdre.

Vous estes d'ailleurs pleinement convaincu, que Dieu gouverne le monde; que sa divine Providence y fait regner l'ordre, que sa sagesse infinie y a establi, depuis le commencement des siecles; &

que cette mefme Providence n'eft point
cette fatalité aveugle des anciens, ny ce
pretendu enchainement, ou cet ordre
neceffaire des chofes, qui doit les faire
fuivre fans aucune diftinction; mais vous
étes au contraire bien perfuadé que la fa-
geffe de Dieu prefide à tous les evene-
mens qui arrivent dans le monde.

Sur le double fondement, que ces
deux reflexions eftabliffent, vous ne
pouvés douter, que Dieu qui difpofe fou-
verainemét de tous les biens de la terre,
ne permet jamais, que ceux qui s'appliquent à la recherche de ce precieux trefor, dans le deffein d'en faire un mauvais ufage, puiffent par leur travail parvenir à fa poffeffion: en effet quels maux
ne feroit pas capable de caufer dans le
monde un efprit pervers, qui n'auroit
d'autre veuë, que de fatisfaire fon ambi-
tion, & d'affouvir fes convoitifes, s'il a-
voit en fon pouvoir, & entre fes mains, ce
moyé affeuré d'executer fes plus crimi-
nelles entreprifes; c'eft pourquoy les Philofophes, qui connoiffent parfaitement
les maux & les defordres, qui pourroient
arriver dans la focieté civile, fi la connoiffance de ce grand fecret étoit revelée
aux impies, n'en traittét qu'avec crainte,

& n'en parlent que par enigmes ; afin qu'il ne foit compris que de ceux, dont Dieu veut benir l'eftude, & le travail.

PYROPHILE.

Il ne fe trouvera perfonne de bon fens, & craignant Dieu, qui n'entre dans ces fentimens, & qui ne doive eftre entiere-ment perfuadé, que pour reüffir dans une fi grande, & fi importante entrepri-fe, il ne faille fupplier inceffamment la bonté Divine, d'éclairer nos efprits, & de donner fa benediction à nos travaux. Il ne me refte plus qu'à vous rendre de tres-humbles graces, de ce que vous a-vés bien voulu me traitter en Enfant de la fcience, me parler fincerement, & m'inftruire dans de fi grands mifteres, auffi clairement, & auffi intelligible-ment, qu'il eft permis de le faire, & que je pouvois le fouhaiter. Je vous pro-tefte que ma reconnoiffance durera tout autant que ma vie.

FIN.

LETTRE

Aux vrais Difciples d'Hermes,

Contenant

SIX PRINCIPALES CLEFS

de la Philofophie Secrete.

LETTRE

Aux vrais Disciples d'Hermes , contenant six principales Clefs de la Philoso-phie Secrete.

SI j'escrivois cette lettre pour persua-der la verité de nôtre Philosophie à ceux, qui s'imaginent qu'elle n'est qu'u-ne vaine idée , & un pur Paradoxe, je suivrois l'exemple de plusieurs maîtres en ce grand art; je tâcherois de convain-cre de leurs erreurs ces sortes d'esprits, en leur demontrant la solidité des prin-cipes de nostre science, appuyés sur les loix , & sur les operations de la nature, & je ne parlerois que legerement de ce qui regarde sa pratique ; mais comme j'ay un dessein tout different, & que je n'escris que pour vous seuls, sages Disci-ples d'Hermes, & vrays Enfans de l'art, mon unique but est de vous servir de guide dans une route si difficile à suivre. Nostre pratique en effet est un chemin dans des sables , où l'on doit se condui-re par l'estoile du Nord , plutost que par les vestiges qu'on y voit imprimés. La

M

confufion des traces, qu'un nombre pref-
qu'infini de perfonnes y ont laiffées, eft
fi grande, & on y trouve tant de differents fentiers, qui menent prefque tous
dans des deferts affreux, qu'il eft prefque impoffible de ne pas s'égarer de la
veritable voye, que les feuls fages favo-
rifés du Ciel, ont heureufement fçeu
deméler, & reconnoiftre.

Cette confufion arréte tout court les
enfans de l'art, les uns dez le commencement, les autres dans le milieu de cette courfe Philofophique, & quelques
uns mefme lors qu'ils aprochent de fa fin
de ce penible voyage, & qu'ils commencent à decouvrir le terme heureux de
leur entreprife; mais qui ne s'apperçoi-
vent pas, que le peu de chemin, qui leur
refte à faire, eft le plus difficile. Ils ignorent que les envieux de leur bonheur
ont creufé des foffes, & des precipices
au milieu de la voye, & que faute de fçavoir les détours fecrets, par où les fages
evitent ces dangereux pieges, ils perdent malheureufement tout l'avantage
qu'ils avoient acquis, dans le mefme
temps, qu'ils s'imaginoient d'avoir fur-
monté toutes les difficultez.

Je vous avoüe fincerement, que la

pratique de noſtre art eſt la plus difficile
choſe du monde, non par raport à ſes operations, mais à l'égard des difficultés qu'il
y a, de l'apprendre diſtinctement dans
les livres des Philoſophes: car ſi d'un côté
elle eſt appellée avec raiſon, un jeu d'enfans; de l'autre elle requiert en ceux, qui
en cherchent la verité par leur travail &
leur eſtude, une connoiſſance profonde
des Principes, & des operations de la
nature dans les trois genres ; mais particulierement dans le genre mineral & metallique. C'eſt un grand point de trouver la veritable matiere, qui eſt le ſujet
de noſtre œuvre ; il faut percer pour cela
mille voiles obſcurs, dont elle a eſté envelopée; il faut la diſtinguer par ſon propre
nom, entre un million de noms extraor-
dinaires, dont les Philoſophes l'ont diverſement exprimée ; il en faut comprendre
toutes les proprietés, & juger de toùs les
degrés de perfection, que l'art eſt capable de lui donner ; il faut connoître le
feu ſecret des ſages qui eſt le ſeul agent
qui peut ouvrir, ſublimer, purifier, &
diſpoſer la matiere à eſtre reduite en eau;
il faut penetrer pour cela juſques à la
ſource divine de l'eau celeſte, qui opere la
ſolution, l'animation, & purification da

M ij

la pierre ; il faut fçavoir convertir noſtre
eau metallique en huile incombuſtible
par l'entiere ſolution du corps , d'où elle
tire ſon origine , & pour cet effet il faut
faire la converſion des elements , la ſeparation, & la reunion des trois principes ;
il faut apprendre comment on doit en
faire un Mercure blanc , & un Mercure citrin ; il faut fixer ce Mercure , le
nourrir de ſon propre ſang , afin qu'il ſe
convertiſſe en ſoufre fixe des Philoſophes. Voilà quels ſont les points fonda-
mentaux de nôtre art ; le reſte de l'œuvre ſe trouve aſſés clairement enſeigné
dans les livres des Philoſophes , pour
n'avoir pas beſoin d'une plus ample explication.

Comme il y a trois regnes dans la nature, il y a auſſi trois medecines en nôtre
art , qui font trois œuvres differents dans
la pratique , & qui ne ſont toutes-fois
que trois differens degrés qui élevent nôtre elixir à ſa derniere perfection. Ces
importantes operations des trois œuvres,
ſont reſervées ſous la Clef du ſecret par
tous les Philoſophes , afin que les ſacrés
miſteres de nôtre divine Philoſophie ne
ſoient pas revelés aux prophanes ; mais
pour vous,qui eſtes les enfans de la ſcien-

ce, & qui pouvés entendre le langage
des Sages, les ferrures vous feront ouver-
tes, & vous aurés les Clefs des precieux
trefors de la nature, & de l'art, fi vous
appliqués tout vôtre efprit à comprendre ce que j'ay fait deffein de vous dire,
en termes autant intelligibles, qu'il eft
neceffaire, pour ceux qui font predefti-
nés comme vous eftes, à la connoiffance de ces fublimes mifteres. Je veux vous
mettre en main fix Clefs avec lefquelles
vous pourrés entrer dans le fanctuaire de
la Philofophie, en ouvrir tous les reduits,
& parvenir à l'intelligence des verités les
plus cachées.

PREMIERE CLEF.

La premiere Clef eft celle qui ouvre
les prifons obfcures, dâs lefquelles le foufre eft renfermé ; c'eft elle qui fçait extraire la femence du corps, & qui forme
la pierre des Philofophes par la conjonction du mâle, avec la femelle ; de l'efprit
avec le corps ; du foufre avec le Mercure. Hermes a manifeftement demontré
l'operation de cette premiere Clef par ces
paroles. *De cavernis metallorum occultus eft,
qui lapis eft venerabilis, colore fplendidus, mens
fublimis, & mare patens ;* cette pierre a un
brillant efclat, elle contient un efprit

M iij.

d'une origine sublime, elle est la mer des Sages, dans laquelle ils pêchét leur misterieux poisson. Le même Philosophe marque encore plus particulierement la naissance de cette admirable pierre, lors qu'il dit : *Rex ab igne veniet, ac conjugio gaudebit, & occulta patebunt.* C'est un Roi couronné de gloire, qui prend naissance dans le feu, qui se plait à l'union de l'épouse qui lui est donnée, c'est cette union qui rend manifeste ce qui étoit auparavant caché.

Mais avant que de passer outre, j'ay un conseil à vous donner, qui ne vous sera pas d'un petit avantage ; c'est de faire reflexion que les operations de chacun des trois œuvres, ayant beaucoup d'analogie, & de raport les uns aux autres, les Philosophes en parlent à dessein en termes équivoques, afin que ceux qui n'ont pas des yeux de linx, prenent le change, & se perdent dans ce labirinthe, duquel il est bien difficile de sortir. En effet lors qu'on s'imagine qu'ils parlent d'un œuvre, ils traittent souvent d'un autre : prenés donc garde de ne pas vous y laisser tromper : car c'est une verité, que dans chaque œuvre le sage Artiste doit dissoudre le corps avec l'esprit, il doit couper la teste du corbeau, blanchir le noir & rougir le blanc ; c'est toutes-fois proprement dans la premiere operation, que le Sage Artiste coupe la teste au noir dragon , & au corbeau. Hermes dit, que c'est delà que nôtre art prend son commencement, *quod ex corva nascitur ; hujus artis est principium.* Considerés que c'est par la separation de la fumée noire, sale, & puante du noir tres-noir , que se forme nostre pierre astrale, blanche, & resplendissante, qui contient dans ses veines le sang du pelican ; c'est à cette premiere purification de la pierre , & à cette blancheur luisante , que se termine la premiere Clef du premier œuvre.

SECONDE CLEF.

La seconde Clef dissout le composé ou la pierre, & commence la separation des Elemens, d'une maniere Philosophique ; cette separation des Elemens ne se fait qu'en eslevant les parties subtiles & pures, au dessus des parties crasses & terrestres. Celui qui sçait sublimer la pierre Philosophiquement , merite à juste titre le nom de Philosophe , puisqu'il connoit le feu des Sages , qui est l'unique instrument, qui puisse operer cette sublimation. Aucun Philosophe n'a jamais ouvertement revelé ce feu secret , & ce puissant agent , qui opere toutes les merveilles de l'art ; celuy qui ne le comprendra pas,& qui ne sçaura pas le distinguer aux caresteres , avec lesquels j'ay tâché de le dépeindre dans l'entretien d'Eudoxe & de Pyrophile , doit s'arrêter icy, & prier Dieu qu'il l'éclaire : car la connoissance de ce grand secret est plûtôt un don du Ciel , qu'une lumiere acquise par la force du raisonnement;qu'il lise cependant les escrits des Philosophes, qu'il medite , & sur tout qu'il prie ; il n'y a point de difficulté , qui ne soit éclaircie par le travail , la meditation , & la priere.

Sans la sublimation de la pierre, la conversion des Elemens , & l'extraction des principes , est impossible ; & cette conversion , qui fait l'eau de la terre , l'air de l'eau , & le feu de l'air , est la seule voye par laquelle nôtre Mercure peut estre fait , & preparé. Appliqués vous donc à connoistre ce feu secret , qui dissout la pierre naturellement, & sans violence, & la fait resoudre en eau dans la grande mer des Sages , par la distillation qui se fait des rayons du soleil & de la

Luñe,

* pag. 41. 42. 43.
chyf 4. 5.

lune. C'eſt de cette maniere que la pierre, qui ſelon Hermes, eſt la vigne des
Sages, devient leur vin, qui produit par
les operations de l'art leur eau de vie re-
ctifiée, & leur vinaigre tres-aigre. Ce
pere de noſtre Philoſophie s'écrie ſur ce
miſtere. *Benedicta aquina forma, quæ Ele-
menta diſſolvis* ! Les elemens de la pierre
ne peuvent eſtre diſſouts, que par cette
eau toute divine, & il ne peut s'en faire
une parfaite diſſolution, qu'aprés une
digeſtion & putrefaction proportionnée,
à laquelle ſe termine la ſeconde Clef du
premier œuvre.

TROISEME CLEF.

La troiſiéme Clef comprend elle ſeule
une plus longe ſuite d'operations, que
toutes les autres enſemble : les Philoſophes en ont fort peu parlé, bien que la
perfection de noſtre Mercure en depen-
de; les plus ſinceres même, comme Artephius, le Treviſan, Flamel, ont paſſé
ſous ſilence les preparations de noſtre
Mercure, & il ne s'en trouve preſque
pas un, qui n'ait ſuppoſé, au lieu d'enſei-
gner, la plus longue, & la plus importante des operations de noſtre pratique.
Dans le deſſein de vous préter la main en
cette partie du chemin, que vous avés à

N

faire, où faute de lumiere, il est impossible de suivre la veritable voye, je m'estendray plus que les Philosophes n'ont fait, sur cette troisiéme Clef, ou du moins je suivray par ordre ce qu'ils ont dit sur ce sujet, si confusement, que sans une inspiration du Ciel, ou sans le secours d'un fidele amy, on demeure indubitablement dans ce Dedale, sans pouvoir en trouver une issuë heureuse. Je m'asseure, que vous, qui estes les veritables enfans de la science, vous recevrez une tres-grande satisfaction, de l'éclaircissement de ces misteres cachez, qui regardent la separation & la purificatiõ des principes de nostre Mercure, qui se fait par une parfaite dissolution, & glorification du corps dont il prend naissance, & par l'uniõ intime de l'ame avec son corps dont l'esprit est l'unique lien, qui opere cette conjonction; c'est là l'intention, & le point essentiel des operations de cette clef, qui se termine à la generation d'une nouvelle substance infiniment plus noble, que la premiere.

Aprés que le sage Artiste a fait sortir de la pierre une source d'eau vive, qu'il a exprimé le suc de la vigne des Philosophes, & qu'il a fait leur vin, il doit re-

marquer que dans cette substance homogéne, qui paroit sous la forme de l'eau,
il y a trois substances differentes, & trois
principes naturels de tous les corps, sel,
souffre, & Mercure, qui sont l'esprit, l'a-
me, & le corps ; & bien qu'ils paroissent
purs & parfaitement unis ensemble, il
s'en faut beaucoup qu'ils le soient encore ; car lorsque par la distillation nous
tirons l'eau, qui est l'ame & l'esprit, le
corps demeure au fond du vaisseau, comme une terre morte, noire, & feculen-
te, laquelle neanmoins, n'est pas à mépriser ; car dans nostre sujet, il n'y a
rien qui ne soit bon. Le Philosophe Jean
Pontanus proteste que les superfluités de
la pierre se convertissent en une veritable
essence, que celuy qui pretend separer
quelque chose de nostre sujet, ne connoist rien dans la Philosophie, & que tout
ce qu'il y a de superflu, d'immonde, de
feculent, & enfin toute la substance du
composé, se perfectionne par l'action de
nostre feu. Cet avis ouvre les yeux à
ceux, qui pour faire une exacte purification des elemens & des principes, se per-
suadent qu'il ne faut prendre que le subs-
til, & rejetter l'épois ; mais les enfans de la
science ne doivent pas ignorer que le feu,

& le foufre font cachez dans le centre
de la terre, & qu'il faut la laver exactement avec fon efprit, pour en extraire
le beaume, le fel fixe, qui eft le fang de
noftre pierre; voilà le miftere effentiel de
cette operation, laquelle ne s'accomplit
qu'aprés une digeftion convenable, &
un lente diftillation. Suivés donc, enfans de l'art, le precepte que vous donne le veridique Hermes, qui dit en cet
endroit, *oportet autem nos cum hâc aquinâ
animâ, ut formam fulphuream poffideamus,
aceto noftro eam mifcere; cùm enim compofi-
tum folvitur, clavis eft reftaurationis.* Vous
fçavés que rien n'eft plus contraire que
le feu, & l'eau; il faut neanmoins que
le fage Artifte faffe la paix entre des en-
nemis, qui dans le fond s'aiment ardem-
ment. Le Cofmopolite en a dit le moyen
en peu de paroles : *Purgatis ergo rebus,
fac ut ignis & aqua amici fiant; quod in
terrâ fuâ, qua cum iis afcenderat, facile fa-
cient.* Soyés donc attentifs fur ce point,
abreuvés fouvent la terre de fon eau, &
vous obtiendrés, ce que vous cherchés.
Ne faut-il pas que le corps foit diffout
par l'eau, & que la terre foit penetrée
de fon humidité, pour eftre renduë propre à la generation ? felon les Philofo-

phes l'efprit eft Eve; le corps eft Adam ;
ils doivent eftre conjoints pour la propa-
gation de leur efpece. Hermes dit la même chofe en d'autres termes : *Aqua nam-*
que fortiſſima eſt natura, quæ tranſcendit , &
fixam in corpore naturam excitat ; hoc eſt la-
tificat. En effet ces deux fubftances , qui
font d'une même nature, mais de deux
fexes differents, s'embraffent avec le même amour, & la même fatisfaction que
le mâle & la femelle , & s'elevent infen-
fiblement enfemble, ne laiffant qu'un peu
de feces au fond du vaiffeau ; de forte
que l'ame , l'efprit, & le corps , aprés
une exacte depuration , paroiffent enfin
infeparablement unis fous une forme
plus noble, & plus parfaite, qu'elle n'é-
toit auparavant, & auffi differente de la
premiere forme liquide, que l'Alkool de
vin exactement rectifié , & acué de fon
fel , eft different de la fubftance du vin ,
dont il a efté tiré ; cette comparaifon
n'eft pas feulement trés-jufte , mais elle
donne de plus aux enfans de la fcience
une connoiffance precife des operations
de cette troifiéme Clef.

Noftre eau eft une fource vive , qui
fort de la pierre, par un miracle naturel
de noftre Philofophie. *Omnium primò eſt*

aqua, quæ exit de hoc lapide. C'est Hermes
qui a prononcé cette grande verité. Il
reconnoist de plus, que cette eau est le
fondement de nostre art. Les Philosophes luy donnent plusieurs noms ; car
tantost ils l'appellent vin, tantost eau de
vie, tantost vinaigre, tantost huile, selon
les differens degrés de preparation, ou
selon les divers effets, qu'elle est capable
de produire. Je vous advertis neanmoins
qu'elle est proprement le vinaigre des sages, & que dans la distillation de cette
divine liqueur, il arrive la même chose
que dans celle du vinaigre commun ;
vous pouvés tirer de cecy une grande in-
struction ; l'eau & le flegme montent le
premier; la substance huileuse, dans laquelle consiste l'efficace de nostre eau,
vient la derniere. C'est cette substance
moyenne entre la terre, & l'eau, qui
dans la generation de l'enfant Philosophique, fait la fonction de mâle; Hermes
nous la fait bien remarquer par ces paroles intelligibles ; *unguentum mediocre, quod
est ignis, est medium inter fæcem, & aquam.*
Il ne se contente pas de donner ces lumieres à ses disciples, il leur enseigne de
plus dans sa table d'émeraudes, de quelle maniere ils doivent se conduire dans

cette operation. *Separabis terram ab igne ;*
subtile ab spisso suaviter, magno cum ingenio.
Prenés garde sur tout de ne pas estouffer
le feu de la terre par les eaux du deluge.
Cette separation, ou plustost cette extraction se doit faire avec beaucoup de
jugement.

Il est donc necessaire de dissoudre entierement le corps, pour en extraire toute son humidité, qui contient ce souffre
precieux, ce beaume de nature, & cet
onguent merveilleux, sans lequel vous ne
devés pas esperer de voir jamais dans vôtre vaisseau cette noirceur si desirée de
tous les Philosophes. Reduisés donc tout
le composé en eau, & faites une parfaite
union du volatil avec le fixe ; c'est un
precepte de Senior, qui merite que vous y
fassiez attention. *Supremus fumus,* dit - il,
ad infimum reduci debet, & divina aqua Rex
est de cælo descendens, Reductor anima ad
suum corpus est, quod demùm à morte vivi-
ficat. Le beaume de vie est caché dans ces
feces immondes, vous devés les laver
avec l'eau celeste, jusques à ce que vous
en ayés osté la noirceur, & pour lors
vostre eau sera animée de cette essence
ignée, qui opere toutes les merveilles
de nostre art. Je ne puis vous donner là,

deſſus de meilleurs conſeils, que ceux du grand Triſmegiſte. *Oportet ergo vos ab aqua fumum ſuper-exiſtentem, ab unguento nigredinem, & à fœce mortem depellere* ; mais le ſeul moyen de reuſſir dans cette operation, vous eſt enſeigné par le même Philoſophe, qui adjoûte immediatement aprés ; *& hoc diſſolutione, quo peracto, maximam habemus Philoſophiam, & omnium ſecretorum ſecretum.*

Mais afin que vous ne vous trompiés pas au terme de *compoſé*, je vous diray que les Philoſophes ont deux ſortes de copoſés. Le premier eſt le copoſé de la nature; c'eſt celuy dont j'ay parlé dans la premiere Clef : car c'eſt la nature qui le fait d'une maniere incomprehenſible à l'artiſte, qui ne fait que prêter la main à la nature, par l'adminiſtration des choſes externes, moyennant quoy elle enfante, & produit cet admirable compoſé. Le ſecond eſt le compoſé de l'art ; c'eſt le ſage qui le fait par l'union intime du fixe avec le volatil parfaitement conjoints, avec toute la prudéce qui ſe peut acquerir par les lumieres d'une profonde Philoſophie ; le compoſé de l'art n'eſt pas tout à fait le même dans le ſecond, que dans le troiſiéme œuvre, c'eſt neam-

moins toûjours l'artiste qui le fait. Geber le definit un mélange d'argent vif
& de souffre, c'est à dire du volatil & du
fixe, qui agissant l'un sur l'autre, se vo-
latilisent, & se fixent reciproquement
jusques à une parfaite fixité. Considerés
l'exemple de la nature, vous verrés que
la terre ne produiroit jamais de fruit, si
elle n'estoit penetrée de son humidité, &
que l'humidité demeureroit toûjours
sterile; si elle n'estoit retenüe, & fixée
par la siccité de la terre.

Vous devés donc estre certains, qu'on
ne peut avoir aucun bon succez en nostre
art, si dans le premier œuvre, vous ne pu-
rifiez le serpent né du limon de la terre, si
vous ne blanchissez ces feces feculêtes &
noires, pour en separer le soufre blanc, le
sel armoniac des sages, qui est leur chaste
Diane qui se lave dans le bain. Tout ce
mistere n'est que l'extraction du sel fixe
de nostre composé dans lequel consiste
toute l'energie de nostre Mercure. L'eau,
qui s'eleve par distillation, emporte avec
elle une partie de ce sel igné; de sorte que
l'affusion de l'eau sur le corps reiterée
plusieurs fois, impregne, engraisse, &
feconde nostre Mercure, & le rend propre à estre fixé; ce qui est le terme du

second œuvre: On ne fçauroit mieux ex-
pofer cette verité, qu'Hermes a fait par
ces paroles : *Cum viderem quòd aqua fen-
fim craffior, duriorque fieri inciperet, gau-
debam ; certò enim fciebam, ut invenirem
quod quærebam.*

Quand vous n'auriez qu'une fort mediocre connoiffance de noftre art, ce que
je viens de vous dire feroit plus que fuffifant, pour vous faire comprendre que
toutes les operations de cette Clef, qui
met fin au premier œuvre, ne font autres
que digerer, diftiller, cohober, diffou-
dre, feparer, & conjoindre, le tout a-
vec douceur, & patience : de cette forte vous n'aurés pas feulement une entiere extractió du fuc de la vigne des fages ;
mais encore vous poffederez leur veritable eau-de-vie ; & je vous advertis que
plus vous la rectifierés, & plus vous la
travaillerez, plus elle acquerra de penetration, & de vertu ; les Philofophes ne
lui ont donné le nom d'eau-de-vie, que
parce qu'elle donne la vie aux metaux ;
elle eft proprement appellée la grande lunaire, à caufe de la fplendeur, dont elle
brille ; ils la nomment auffi la fubftance
fulphurée, le beaume, la gomme, l'humidité vifqueufe, & le vinaigre trés-aigre
des Philofophes, &c.

Ce n'eſt pas ſans raiſon que les Philoſophes dõnent à cette liqueur Mercurielle, le nom d'eau pontique, & de vinaigre tres-aigre : ſa ponticité exuberante eſt le vray caractere de ſa vertu ; il arrive de plus, comme je l'ay déja dit, dans ſa diſtillation, la même choſe qui arrive en celle du vinaigre, le flegme & l'eau montent les premiers, les parties ſoufreuſes & ſalines s'elevent les derniers ; ſeparés le flegme de l'eau, uniſſés l'eau & le feu enſemble, le Mercure avec le ſouffre, & vous verrez enfin le noir trés-noir, vous blanchirés le corbeau, & rougirés le cigne.

Puis que je ne parle qu'à vous, vrays Diſciples de Hermes, je veux vous revéler un ſecret, que vous ne trouverés point entierement dans les livres des Philoſopes. Les uns ſe ſont contentés de dire, que de leur liqueur on en fait deux Mercures, l'un blanc, & l'autre rouge. Flamel a dit plus particulierement, qu'il faut ſe ſervir du Mercure citrin, pour faire les imbibitions au rouge ; il advertit les enfans de l'art de ne pas ſe tromper ſur ce point ; il aſſeure auſſi qu'il s'y ſeroit trompé lui meſme, ſi Abraam Juif ne l'en avoit adverti. D'autres Phi-

lofophes ont enfeigné, que le Mercure
blanc eft le bain de la lune , & que le
Mercure rouge eft le bain du foleil: mais
il n'y en a point qui ayent voulu montrer
diftinctement aux enfans de la fcience,
par quelle voye ils peuvent obtenir ces
deux Mercures : fi vous m'avés bien
compris, vous eftes desja éclairés fur ce
point. La lunaire eft le Mercure blanc,
le vinaigre trés-aigre eft le Mercure rouge ; mais pour mieux determiner ces
deux Mercures, nourriffés les d'une chair
de leur efpece, le fang des innocens égor-
gés, c'eft à dire, les efprits des corps, font
le bain, où le foleil & la lune fe vont
baigner.

Je vous ay developé un grand miftere,
fi vous y faites bien reflexion : les Philofophes qui en ont parlé, ont paffé trés-
legerement fur ce point important : le
Cofmopolite l'a touché fort fpirituelle-
ment par une ingenieufe allegorie, en
parlant de la purification, & de l'animation du Mercure : *hoc fiet*, dit-il , *fi feni
noftro aurum & argentum deglutire dabis, ut
ipfe confumat illa , & tandem ille etiam mo-
riturus comburatur.* Il acheve de décrire
tout le magiftere en ces termes : *Cineres
ejus fpargantur in aquam, coquito eam donec*

fatis eſt , & babes medicinam curandi lepram.
Vous ne devés pas ignorer , que noſtre
vieillard eſt noſtre Mercure; que ce nom
lui convient, parce qu'il eſt la matiere
premiere de tous les metaux ; le même
Philoſophe dit, qu'il eſt leur eau, à laquelle il donne le nom d'acier, & d'ai-
mant, & il adjoute pour une plus grande confirmation de ce que je viens de
vous découvrir: *Si undecies coit aurum cum*
eo, emittit ſuum ſemen , & debilitatur ferè
ad mortem uſque ; concipit chalybs, & gene-
rat filium patre clariorem. Voilà donc un
grand miſtere, que je vous revele ſans aucun enigme; c'eſt là le ſecret des deux mercures, qui contiennent les deux teintures. Conſervés les ſeparement & ne con-
fondés pas leurs eſpeces, de peur qu'ils ne
procréent une lignée monſtreuſe.

Je ne vous parle pas ſeulement plus
intelligiblement qu'aucun Philoſophe n'a
fait, mais auſſi je vous reyéle tout ce
qu'il y a de plus eſſentiel dans la pratique
de noſtre art: ſi vous medités là deſſus,
ſi vous vous appliqués à le bien comprē-
dre; mais ſur tout, ſi vous travaillés ſur
les lumieres que je vous donne , je ne
doute nullement que vous n'obteniés ce
que vous cherchés; & ſi vous ne parvenés

à ces cônoiſſances, par la voye que je vous
marque , je ſuis bien aſſeuré que diffici-
lement vous arriverez à vôtre but , par
la ſeule lecture des Philoſophes. Ne deſ-
eſperés donc de rien ; cherchés la ſource
de la liqueur des ſages, qui contient tout
ce qui eſt neceſſaire à l'œuvre ; elle eſt
cachée ſous la pierre ; frapés deſſus avec
la verge du feu magique , & il en ſortira
une claire fontaine ; faites enſuite comme je vous ay montré ; preparés le bain
du Roy avec le ſang des Innocens , &
vous aurés le Mercure des ſages animé,
qui ne perd jamais ſes vertus , ſi vous le
gardés dans un vaiſſeau bien bouché.
Hermes dit qu'il y a tant de ſympathie
entre les corps purifiés , & les eſprits,
qu'ils ne ſe quittent jamais , lors qu'ils
ont eſté unis enſemble ; par ce que cette union eſt ſemblable à celle de l'ame
avec le corps glorifié , aprés laquelle la
foy nous aprend qu'il n'y aura plus de
ſeparation , ny de mort. *Quia ſpiritus,*
ablutis corporibus deſiderant ineſſe , habitis
autem ipſis , eos vivificant , & in iis habi-
tant. Vous voyés par là le merite de cette
precieuſe liqueur , à laquelle les Philoſophes ont donné plus de mille differents
noms; elle eſt l'eau de vie des ſages, l'eau

de Diane, la grande lunaire, l'eau d'argent vif; elle eſt nôtre Mercure, nôtre huile incombuſtible, qui au froid ſe congele comme de la glace, & ſe liquifie à la chaleur comme du beurre; Hermes l'appelle la terre feüillée, ou la terre des feuilles; non ſans beaucoup de raiſon; car ſi vous l'obſervés bien, vous remarquerez qu'elle eſt toute feüilletée; en un mot elle eſt la fontaine tres-claire, dont le Comte Treviſan fait mention; enfin elle eſt le grand Alkaeſt, qui diſſout radicalement les metaux; elle eſt la veritable eau permanente, qui aprés les avoir diſſouts, s'unit inſeparablement à eux, & en augmente le poids & la teinture.

QUATRIEME CLEF.

La quatriéme Clef de l'art, eſt l'entrée du ſecond œuvre; c'eſt elle qui reduit nôtre eau en terre; il n'y a que cette ſeule eau au monde, qui par une ſimple cuiſſon puiſſe eſtre convertie en terre; parce que le Mercure des ſages porte dans ſon cêtre ſon propre ſouffre, qui le coagule. La terrification de l'eſptit eſt la ſeule operation de cet œuvre; cuiſés donc avec patience; ſi vous avés bien procedé, vous ne ſerés pas long temps ſans voir les marques de cette coagulation, & si elles ne paroissent dans leur temps, elles ne paroitront jamais; parce que c'est un signe indubitable, que vous avés manqué en quelque chose d'essentiel, dans les premieres operations; car pour corporifier l'esprit, qui est nostre Mercure, il faut avoir bien dissout le corps, dans lequel le soufre, qui coagule le Mercure, est renfermé. Hermes asseure que nostre eau Mercurielle aura acquis toutes les vertus, que les Philosophes lui attribuent, lors qu'elle sera changée en terre. *Vis ejus integra est, si in terram conversa fuerit.* Terre admirable par sa fecondité; terre de promission des sages, lesquels sachant faire tomber la rosée du ciel sur elle, luy font produire des fruits d'un prix inestimable. Le Cosmopolite exprime trés-bien les avantages de cette benite terre. *Qui scit aquam congelare calido, & spiritum cum eâ jungere, certè rem inveniet millefies pretiosiorem auro, & omni re.* Rien n'approche du merite de cette terre, & de cet esprit parfaitement alliés ensemble, selon les regles de nostre art; ils sont le vray Mercure, & le vray soufre des Philosophes, le male vivant, & la femelle vivante qui contiennent la semence, qui peut seule

pro

procréer un fils plus illuſtre, que ſes parens. Cultivés donc ſoigneuſement cette precieuſe terre: arrouſés la ſouvent de ſon humidité, deſeichés la autant de fois, & vous n'augmenterés pas moins ſes vertus, que ſon poids, & ſa fecondité.

CINQUIÉME CLEF.

La cinquiéme Clef de noſtre œuvre eſt la fermentation de la pierre avec le corps parfait, pour en faire la medecine du troiſiéme ordre. Je ne diray rien en particulier de l'operation du troiſiéme œuvre ; ſinon, que le corps parfait eſt un levain neceſſaire à noſtre paſte : que l'eſprit doit faire l'union de la paſte avec le levain, de même que l'eau detrempe la farine, & diſſout le levain, pour compoſer une paſte fermentée, propre à faire du pain. Cette comparaiſon eſt fort juſte, c'eſt Hermes qui l'a faite le premier. *Sicut enim paſta ſine fermento fermentari non poteſt ; ſic cùm corpus ſublimaveris, mundaveris, & turpitudinem à fœce ſeparaveris, cùm conjungere volueris, pone in eis fermentum ; & aquam terram confice, ut paſta fiat fermentum.* Au ſujet de la fermentation, le Philoſophe repete ici tout l'œuvre, & montre que tout de même que la Maſſe

O

de la paste, devient toute levain , par l'a-
ction du ferment, qui lui a esté adjouté;
ainsi toute la confection Philosophique
devient par cette operation un levain
propre à fermenter une nouvelle matiere , & à la multiplier jusques à l'infini.

Si vous observés bien de quelle maniere se fait le pain , vous trouverez les
proportions, que vous devés garder, entre
les matieres qui composent vostre pâte
Philosophique. Les boulangers ne met-
tent-ils pas plus de farine, que de levain,
& plus d'eau que de levain, & de farine?
les loix de la nature sont les regles que
vous devés suivre dans la pratique de
tout nostre Magistere. Je vous ay donné
sur tous les points principaux toutes les
instructions qui vous sont necessaires ; de
sorte qu'il seroit superflu de vous en dire
davantage , particulierement touchant
les dernieres operations , à l'égard des-
quelles les Philosophes ont esté beaucoup moins reservez, que sur les premieres, qui sont les fondemens de l'art.

SIXIEME CLEF.

La sixiéme Clef enseigne la multiplication de la pierre, pour la reiteration de
la même operation , qui ne consiste qu'à
ouvrir & fermer ; dissoudre & coaguler;

imbiber & deſſeicher; par où les vertus
de la pierre s'augmentent à l'infini. Comme mon deſſein n'a pas eſté de décrire
entierement la pratique des trois medecines, mais ſeulement de vous inſtruire
des operations les plus importantes, touchant la preparation du Mercure, que
les Philoſophes paſſent ordinairement
ſous ſilence, pour cacher aux profanes
des miſteres, qui ne ſont que pour les
ſages; je ne m'arreteray pas davantage
ſur ce point, & je ne vous diray rien
non plus de ce qui regarde la projection
de la medecine, parce que le ſuccez que
vous attendés ne depend pas delà; je ne
vous ay donné des inſtructions tres-am-
ples que ſur la troiſiéme Clef, à cauſe
qu'elle comprend une longue ſuite d'o-
perations, leſquelles, quoy que ſimples
& naturelles, ne laiſſent pas de requerir
une gráde intelligence des loix de la nature, & des qualités de noſtre matiere,
auſſi bien qu'une parfaite connoiſſance
de la chimie, & des differents degrés de
chaleur, qui conviennent à ces operations.

Je vous ay conduit par la droite
voye, ſans aucun detour; & ſi vous avés
bien remarqué la route que je vous ay

tracée, je m'affeure que vous irés droit
au but, fans vous égarer. Sçachez moy
bon gré du deffein, que j'ay eu de vous
épargner mille travaux, & mille peines,
que j'ay effuyé moy-même dans ce penible voyage, faute d'un fecours pareil
à celuy que je vous donne dans cette lettre, qui part d'un cœur fincere, & d'une
tendre affection pour tous les veritables
enfans de la fcience. Je vous plaindrois
beaucoup fi, comme moy, aprés avoir
connu la veritable matiere, vous paf-
fiés quinze années entierement dans le
travail, dans l'eftude, & dans la meditation, fans pouvoir extraire de la pierre, le fuc precieux, qu'elle renferme
dans fon fein, faute de connoiftre le feu
fecret des fages, qui fait couler de cette
plante feiche & aride en apparence, une
eau qui ne mouïlle pas les mains, & qui
par l'union magique de l'eau feiche de la
mer de fages, fe refout en une eau vifqueufe, en une liqueur mercurielle, qui
eft le principe, le fondement, & la clef
de noftre art : convertiffés, feparés, &
purifiés les elemens, comme je vous l'ay
enfeigné, & vous poffederés le veritable
Mercure des Philofophes, qui vous don-
nera le fouffre fixe, & la medecine univerfelle.

Mais je vous advertis, qu'aprés que vous ferez parvenus à la connoiſſance du feu ſecret des ſages, vous ne ſerez pas toutes fois encore au bout de la premiere carriere. J'ay erré pluſieurs années dans le chemin qui reſte à faire, pour arriver à la fontaine miſterieuſe, où le Roy ſe baigne, ſe rajeunit, & reprend une nouvelle vie exempte de toutes ſortes d'infirmités ; il faut que vous ſachiés outre cela purifier, échaufer, & animer ce bain Royal : c'eſt pour vous preter la main dans cette voye ſecrete, que je me ſuis eſtendu ſur la troiſiéme Clef, où toutes ces operations ſont deduites. Je ſouhaite de tout mon cœur, que les inſtructions que je vous ay données, vous faſſent aller droit au but. Mais ſouvenés vous enfans de la ſcience, que la connoiſſance de noſtre Magiſtere vient plûtoſt de l'inſpiration du Ciel, que des lumieres que nous pouvons acquerir par nous mémes. Cette verité eſt reconnuë de tous les Philoſophes : c'eſt pourquoy ce n'eſt pas aſſés de travailler; priés aſſiduement; liſés les bon livres; & medités nuit & jour, ſur les operations de la nature, & ſur ce qu'elle peut eſtre capable de faire, lorſqu'elle eſt aidée par le ſecours de no-

ſtre art , & par ce moyen vous reüſſirés
ſans doute dans voſtre entrepriſe.

C'eſt là tout ce que j'avois à vous dire,
dans cette lettre ; je n'ay pas voulu vous
faire un diſcours fort eſtendu , tel que
la matiere paroit le demander; mais auſſi
je ne vous ay rien dit que d'eſſentiel à
noſtre art ; de ſorte que ſi vous connoiſ-
ſez noſtre pierre, qui eſt la ſeule matiere
de noſtre pierre, & ſi vous avez l'intelligence de noſtre feu, qui eſt ſecret & naturel tout enſemble, vous avez les clefs
de l'art, & vous pouvés calciner noſtre
pierre , non par la calcination ordinaire,
qui ſe fait par la violence du feu ; mais
par une calcination Philoſophique , qui
eſt purement naturelle.

Remarquez encore cecy avec les plus
éclairés Philoſophes , qu'il y a cette difference , entre la calcination ordinaire,
qui ſe fait à force de feu , & la calcination naturelle ; que la premiere détruit
le corps,& conſume la plus grande partie de ſon humidité radicale ; mais la ſeconde ne conſerve pas ſeulement l'humidité du corps,en le calcinant ; mais encore elle l'augmente conſiderablement.

L'experience vous fera connoiſtre
dans la pratique cette grande verité;car

vous trouverez en effet, que cette calcination Philoſophique, qui ſublime, & diſtile la pierre en la calcinant, en augmente de beaucoup l'humidité : la raiſon eſt, que l'eſprit igné du feu naturel ſe corporiſie dans les ſubſtances qui lui ſont analogues. Noſtre pierre eſt un feu aſtral, qui ſympatiſe avec le feu naturel, & qui comme une veritable ſalamandre prend naiſſance, ſe nourrit, & croit dans le feu Elementaire, qui lui eſt geometriquement proportionné.

Le Nom de l'Autheur eſt en Latin dans cette Anagramme:

DIVES SICUT ARDENS S***

de SAINT DIDIER

FIN.

www.ingramcontent.com/pod-product-compliance
Lightning Source LLC
Chambersburg PA
CBHW052100090426

42739CB00010B/2259